Much to do, more to see

Hi!

Wat goed dat je onze stedengids hebt gekocht, want **time to momo** maakt je stedentrip écht veel leuker! Met deze gids op zak loop je vanuit de trein regelrecht naar de leukste wijk van de stad. Op weg naar nieuwe restaurantjes, de beste koffie en dat lokaal gebrouwen biertje. In de gidsen en op de website van time to momo delen onze **lokale auteurs** uit liefde voor hún stad **alleen de echte highlights** met je. Zo sla je de drukke dertien-in-een-dozijn-winkelstraten over en wandel je, terwijl je onderweg een must-see meepikt, op je gemak naar die **toffe adressen** waar de locals zelf ook graag komen. Zonder dat je je hoeft voor te bereiden! Want dat hebben wij al voor je gedaan. Geen van de adressen die we beschrijven, heeft voor vermelding betaald; de gids is samengesteld door een onafhankelijke redactie.

Met deze speciale cadeaugids laten we je zien dat je niet per se het vliegtuig hoeft te nemen voor een leuke stedentrip. Wij selecteerden **vijf bruisende steden** in Nederland en België. Lekker dichtbij, met de trein. Je bent er zo!

Heel veel plezier!

team time to momo

P.S. Kijk ook eens op **www.timetomomo.com** voor nog meer tips en blogs van onze locals en volg ons op Facebook en Instagram.

time to momo
DICHTBIJ-APP

Je hebt nog meer plezier van deze Dichtbij-gids als je 'm combineert met onze handige time to momo-app. Haal alles uit jouw citytrip met inside tips en routes van onze locals!

Download nu de time to momo-app en je krijgt time to momo Dichtbij **t.w.v. € 6,99** van ons cadeau.

Gebruik daarvoor deze code:

#dichtbijcitytrip

Check hier hoe je de app kunt downloaden:
www.timetomomo.com/dichtbij-app

Let op: deze code is geldig t/m 30 juni 2019.

De time to momo-app is geschikt voor Android 5.0 en iOs 11.0 of nieuwer.

GET IT ON Google Play

Download on the App Store

***

CADEAUTJE
VOOR
JOU!
Welke stad wil je ontde
DICHTBIJ
NEW YORK
LISSABON

Much to do, more to see

Take a walk on the wild side

WIN EEN STEDENTRIP DICHTBIJ!

Heb je zin in (nog) een stedentrip? Als je meedoet met onze online enquête maak je kans op een stedentrip naar keuze uit een van de vijf steden in deze gids. Meedoen duurt maar vijf minuutjes.

Ga dus snel naar
www.timetomomo.com/enquete-dichtbij
en doe mee!

Relax ;-)

AMSTERDAM

KARAKTERISTIEK & OPEN-MINDED

CITY HIGHLIGHTS

+ HET RIJKSMUSEUM + NDSM-TERREIN + DE (FOOD)HALLEN + WATERLOOPLEINMARKT + DE JORDAAN + HET WESTERPARK + DE NEGEN STRAATJES

DE STAD

Amsterdam: multicultureel en ruimdenkend. De hoofdstad van ons land, waar je je onder kunt dompelen in het stadse leven, maar net zo goed een hoek om kunt lopen en het net een dorp lijkt. De stad is compact en daardoor goed te behappen. Je kunt bijna alles lopend of op de fiets doen.

Echte Amsterdammers zijn een uitstervend ras, de meeste inwoners komen elders vandaan. Maar de typische Amsterdammer bestaat nog en kom je tegen in de **Jordaan**. De wijken rondom het centrum hebben ieder hun eigen karakter. Ga je voor chic, dan moet je naar **Zuid**. Liever rauw en industrieel? Pak dan de pont naar **Noord**. Of ga voor bruisend en multiculti in de **Pijp** of **Bos en Lommer**.

Amsterdam is zo leuk omdat het voor ieder wat wils heeft. Er zijn talloze prachtige musea en je kunt er goed shoppen. Van tweedehands op de diverse markten tot superchic in **Oud Zuid**. En alles daar tussenin. Amsterdam heeft een gigantisch aanbod aan restaurants, hippe cafés, bruine kroegen en koffietentjes.

Het uitgaansleven in Amsterdam is bruisend. Bijna iedere dag is er iets te doen in de legendarische poptempel Paradiso of de Melkweg. Ook aan grote *house clubs* of undergroundfeesten en festivals geen gebrek. En wie wat meer van het volkse leven wil proeven, duikt de Jordaan in om smartlappen mee te zingen.

Het is een overzichtelijke stad die ontzettend veel te bieden heeft op het gebied van kunst, cultuur (in de breedste zin van het woord) en architectuur.

ROUTE

WEST & WESTERPARK

OVER DE ROUTE

Als je een leuke wandeling wilt maken door een kleurrijke buurt met heel veel creatieve initiatieven, dan moet je deze route zeker lopen. Ontdek de leuke winkels en cafeetjes op de Jan Evertsenstraat, geniet van het groen tijdens deze wandeling in het Erasmuspark en het Westerpark. Een rondleiding bij Museum Het Schip mag zeker niet ontbreken als je meer wilt weten over de interessante Amsterdamse Schoolstijl. Vanaf Centraal Station kun je tram 13 nemen naar de Admiraal de Ruijterweg waar je de wandeling start.

DE WIJKEN

De Baarsjes en Bos en Lommer: het waren tot een paar jaar geleden wijken waar Amsterdammers liever niet kwamen, laat staan wilden wonen. Ook nu moet je echt weten waar je moet zijn, waardoor je ze niet snel in stadsgidsen vindt.

Zonde, want er is hier zo veel leuks te beleven op cultureel en culinair gebied! Het mooiste eraan is dat de bewoners en ondernemers zelf verantwoordelijk zijn voor de upgrade van hun wijk. Met initiatieven als Geef om de Jan Eef (voor de winkelstraat **Jan Evertsenstraat**) en BoLo Boost (voor Bos en Lommer) hebben ze ervoor gezorgd dat verpauperde straten en buurten nieuw leven werd ingeblazen. Nu bruisen de wijken met leuke initiatieven als pop-upstores en weekendmarkten en kun je er prima winkelen. Echt grote ketens vind je hier niet, maar des te meer ruimte is er voor kleine ondernemers met unieke ideeën.

West is nog altijd volop in beweging en typeert zich als een multiculturele wijk met veel creatieve ondernemers. Ook het **Westergasterrein** in het Westerpark is uitgegroeid tot een belangrijke spil in de creatieve industrie. De fabrieken worden allang niet meer gebruikt om de stad van gas te voorzien. In de transformatorhuizen en machinegebouwen bevinden zich nu koffietentjes, een bioscoop en creatieve bedrijven. In de zomer is het **Westerpark** dé plek waar ieder weekend festivals plaatsvinden en maandelijks is er een Sunday Market.

Dat West het middelpunt is van creatieve energie, is overigens niets nieuws. Zo'n honderd jaar geleden lieten de architecten van de Amsterdamse School hier ook al hun fantasie de vrije loop. Het resultaat is de **Spaarndammerbuurt**, waar je een enorme concentratie gebouwen in deze bouwstijl aantreft.

WEINIG TIJD? DIT ZIJN DE HOOGTEPUNTEN:
JAN EVERTSENSTRAAT + PIZZERIA BUURMAN & BUURMAN + WESTERGASTERREIN + MUSEUM HET SCHIP + SPAARNDAMMERSTRAAT

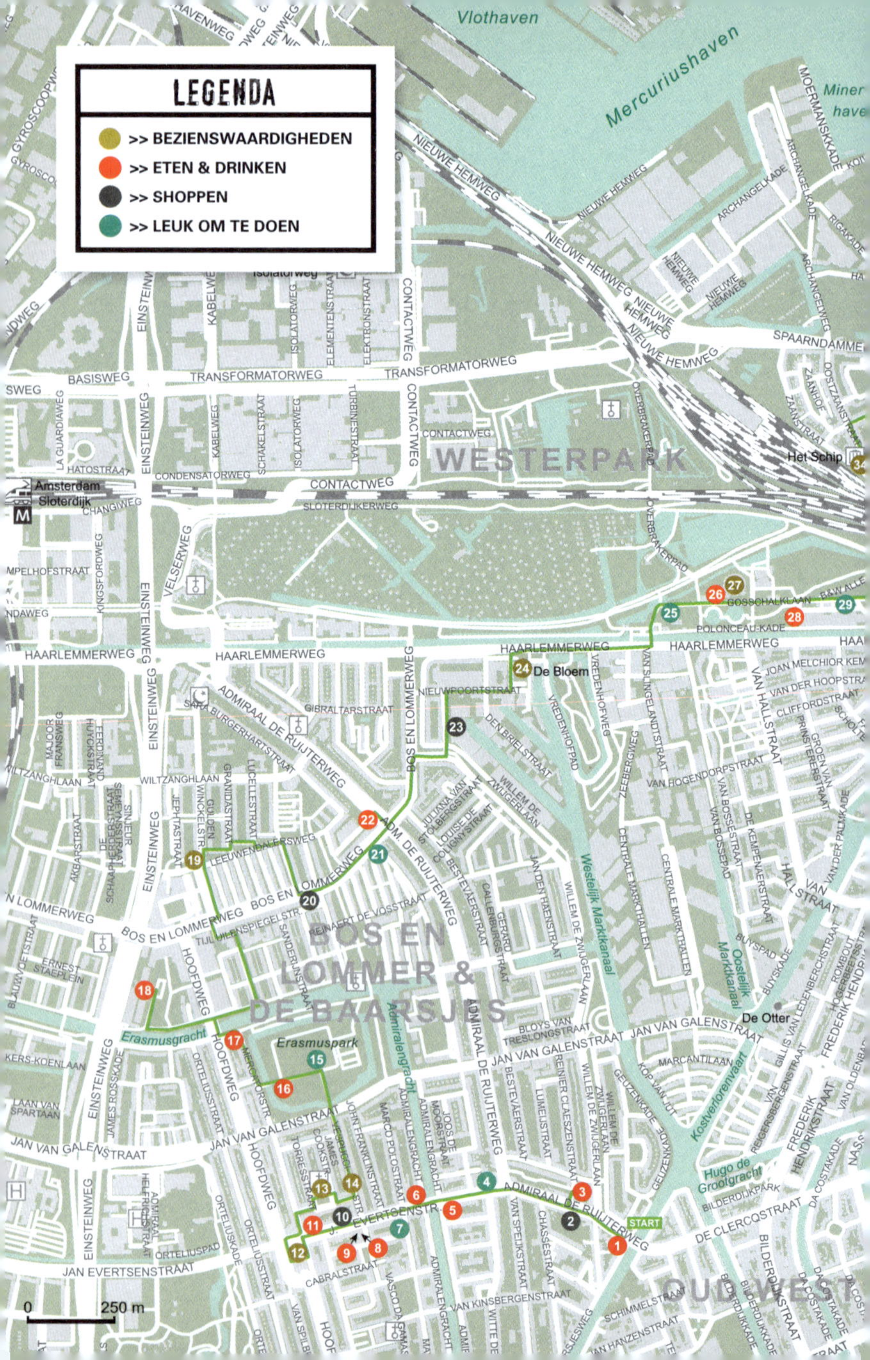
LEGENDA
>> BEZIENSWAARDIGHEDEN
>> ETEN & DRINKEN
>> SHOPPEN
>> LEUK OM TE DOEN
Vlothaven
Mercuriushaven
WESTERPARK
BOS EN LOMMER & DE BAARSJES
OUDWEST
Amsterdam Sloterdijk
Het Schip
De Bloem
De Otter
Erasmusgracht
Erasmuspark
Westelijk Marktkanaal
Oostelijk Marktkanaal
Admiralengracht
Kostverlorenvaart
Hugo de Grootgracht
START
HAARLEMMERWEG
ADMIRAAL DE RUIJTERWEG
BOS EN LOMMERWEG
JAN VAN GALENSTRAAT
JAN EVERTSENSTRAAT
DE CLERCQSTRAAT
EINSTEINWEG
TRANSFORMATORWEG
CONTACTWEG
NIEUWE HEMWEG
SPAARNDAMMERDIJK
HOOFDWEG
0 250 m

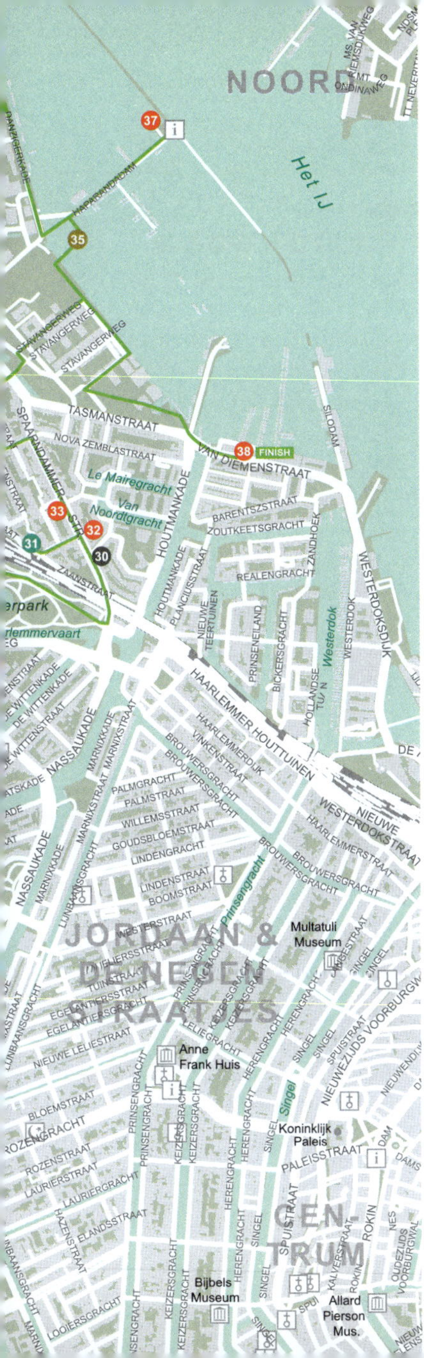

ROUTE AMSTERDAM

1 Bar Spek
2 The Wine Spot
3 Bar Kauffmann
4 TOON Amsterdam
5 Radijs
6 Deli-caat
7 Kattencafé Kopjes
8 Bar Baarsch
9 Bar Frits
10 Things I Like Things I Love
11 White Label Coffee
12 Mercatorplein
13 Jeruzalemkerk
14 Vespuccistraat
15 Erasmuspark
16 Terrasmus
17 Eetwinkel Buurman & Buurman
18 Wilde Westen
19 Bosleeuw Midden
20 De Nieuwe Boekhandel
21 Podium Mozaïek
22 Betawi
23 Kesbeke Zoet & Zuur
24 Molen de Bloem
25 Westerpark
26 Mossel & Gin
27 Westergasterrein
28 Pacific Parc
29 Het Ketelhuis
30 Kweek Stadstuinwinkel
31 Hammam
32 Restaurant Freud
33 DopHert
34 Museum Het Schip
35 Houthavens
36 Wilde Kroketten
37 REM Eiland
38 Restaurant BAK

ROUTEBESCHRIJVING (ca. 12,7 km)

Begin op de Admiraal de Ruijterweg 1 2 3, die overgaat in de Jan Evertsenstraat, het kloppende hart van het hippe West 4 5 6 7 8 9 10 11. Loop een rondje langs de bijzondere architectuur van het Mercatorplein 12, ga dan onder de poort door de Mercatorstraat in en rechtsaf door de Jan Maijenstraat naar de Jeruzalemkerk 13. Loop rechts de James Cookstraat in en ga tweemaal links de groene Vespuccistraat in 14. Zo kom je in het mooie Erasmuspark 15. Neem hier de eerste links 16. Ga over het water naar rechts en loop door de Mercatorstraat 17. Loop daarna links nog een stukje langs het water naar de Hoofdweg, ga hier rechts over de brug en loop linksaf naar Wilde Westen 18 of ga meteen rechts langs het water. Ga links de Griseldestraat in en loop die helemaal uit tot de Tijl Uilenspiegelstraat. Ga daar linksaf. Via het straatje rechts en de trap kom je op de Bos en Lommerweg, die je oversteekt om het Gulden Winckelplantsoen in te gaan. Je bent nu in Bosleeuw Midden 19. Ga rechts de Leeuwendalersweg op en kijk bij de piggelmeewoningen. Ga dan rechts de Hofwijckstraat in om terug te lopen naar de Bos en Lommerweg, waar je naar links gaat 20 21 22. Loop door tot de Willem de Zwijgerlaan en ga daar rechtsaf en meteen weer links de Adolf van Nassaustraat in voor zure bommen 23. Ga bij de Nieuwpoortstraat naar rechts en bij de Nieuwpoortkade weer naar links. Loop langs de molen 24 en ga op de Haarlemmerweg naar rechts. Die volg je tot je links over het water kan, het Westerpark 25 in. Ga rechtsaf en loop langs Mossel & Gin 26 het Westergasterrein op 27 28 29. Loop dan naar links in de richting van het spoor en ga hier naar rechts. Blijf het spoor volgen tot de tweede tunnel. Ga hier doorheen om in de Spaarndammerstraat te komen 30. Ga linksaf voor een korte omweg naar Hammam 31 of loop verder naar twee bijzondere eetplekjes 32 33. Ga bij de Knollendamstraat naar links, en loop rechtsom om het Spaarndammerplantsoen heen naar een van de hoogtepunten van de Amsterdamse School 34. Loop via de Oostzaanstraat naar de Hembrugstraat, sla hier rechtsaf en loop deze helemaal uit tot aan het water. Loop door de Houthavens 35 naar 36 37 of ga naar rechts Stettineiland in, dat overgaat in Memeleiland en volg de weg tot je niet meer verder kunt. Ga dan naar rechts en neem de eerste links richting de Tasmanstraat, volg die, steek het water over en sla de Van Diemenstraat in waar je eindigt bij Bak Restaurant 38.

BEZIENSWAARDIGHEDEN

(12) Het **Mercatorplein** moest halverwege de jaren 20 het middelpunt van West worden. Van de cafés, schouwburg, bioscoop en het warenhuis kwam niets terecht; het plein kreeg uitsluitend een woon- en werkfunctie. Weetje: de allereerste vestiging van Dirk van der Broek opende hier zijn deuren in de jaren 40.
mercatorplein, tram 7, 13 mercatorplein

(13) West is een walhalla voor liefhebbers van de Amsterdamse School. De **Jeruzalemkerk** is zonder twijfel een van de meest bijzondere bouwwerken in die stijl. De architect liet in 1928-1929 de kerk aan woningen vast bouwen, om uit te drukken dat god bij de mensen wil wonen. Opvallend is de symmetrie in de gevel en het feit dat de kerk noord-zuid gericht is in plaats van het gangbare oost-west. De zeven glas-in-loodramen symboliseren de zeven dagen van het scheppingsverhaal.
jan maijenstraat 14, www.jeruzalem-kerk.nl, tram 7, 13 mercatorplein

(14) Bijna honderd jaar geleden is de **Vespuccistraat** ontworpen als 'groene loper' naar het Erasmuspark, met voortuintjes, bijzondere bomen en ook huizen in Amsterdamse Schoolstijl. De helft van de tuintjes werd de afgelopen jaren met veel liefde beheerd door de bewoners; de andere helft was in de inspiratieloze handen van de gemeente. Onlangs besloten de buurtbewoners dat de tuintjes weer de uitstraling van de jaren 20 moeten krijgen. Gelukkig hebben de veertig bijzondere Japanse notenbomen (Ginkgo Biloba) de tand des tijds doorstaan, want ze zijn bijna nergens anders in Nederland te vinden.
vespuccistraat, tram 7, 13 marco polostraat

(19) Architect Cornelis van Eesteren werkte bij het plan voor **Bosleeuw Midden** in de jaren 30 met open bouwblokken en binnentuinen, en veel groen. Het was een voorbeeld van het Nieuwe Bouwen, waarin wonen, werken, recreatie en natuur gescheiden werden en de woningen goed betaalbaar. Achterin, aan de Leeuwendalersweg, zie je de zogenaamde 'piggelmeewoningen'; waarschijnlijk de meest knusse eengezinswoningen in de stad.
tussen de a10, admiraal de ruijterweg, wiltzanghlaan en leeuwendalersweg, tram 14 bos en lommerplein

Westergasterrein!
STUDIO
Verse
Geknelde
Jus D'Orange

(24) **Molen de Bloem** stond van 1786 tot 1878 op de bolwerken in het centrum, aan de Bloemgracht; vandaar de naam. Toen de Marnixstraat rond 1870 werd aangelegd, moest hij wijken. De molen werd in 1921 opnieuw opgebouwd en daarna meerdere malen gemoderniseerd. Tot 1960 werd er nog koren in gemalen; nu draait de molen nog slechts af en toe.
haarlemmerweg 465, niet geopend voor publiek, tram 12, 14 bos en lommerweg

(27) Toen de Westergasfabriek in het jaar 1883 werd gebouwd, was het de grootste steenkolengasfabriek van Nederland. Tot de jaren 60 produceerden ze hier nog gas. Tegenwoordig is het **Westergasterrein** een natuur- en vooral cultuurpark. In het Ketelhuis draaien Nederlandse films en in de studio's wordt onder meer *De Wereld Draait Door* opgenomen. Je kunt er ook dansen bij Pacific Parc.
polonceaukade, www.westergasfabriek.nl, open dagelijks, tram 10 van limburg stirumstraat

(34) **Museum Het Schip** werd in 1921 gebouwd als een combinatie van postkantoor en woningen in Amsterdamse Schoolstijl. Inmiddels is het een aantal jaren

open als museum voor de Amsterdamse School. Het is leuk om een dergelijk pand eens van binnen te kunnen bekijken. De museumwoning heeft nog altijd een authentiek jaren 20-interieur.
spaarndammerplantsoen 140, www.hetschip.nl, open di-zo 11.00-17.00, entree € 7,50, tram 3 haarlemmerplein

(35) De **Houthavens** werden ooit, in 1876, gegraven voor het overslaan en het opslaan van hout. Het was ook de eerste gegraven haven van Amsterdam. Tegenwoordig is het gebied volop in ontwikkeling en verrijst er een heel nieuwe stadswijk. Op de voormalige pontsteiger aan de Tasmanstraat bouwen ze een 82 meter hoog gebouw, ontworpen door Arons en Gelauff Architecten.
houthavenkade, bus 48 koivistokade

ETEN & DRINKEN

(1) Fijne hoekjes, mooie industriële lampen en een grote bank: in **Bar Spek** begin je de dag met een latte, een lekkere thee of een bijzondere smoothie, zoals een *green monster* of *bloody mary*. Je kunt hier genieten van oesters, lekkere pizza's en andere Italiaanse lekkernijen als *melanzane alla parmigiana* en een onmogelijke keuze aan tongstrelende toetjes.
admiraal de ruijterweg 1, www.barspek.nl, open ma-do 8.00-1.00, vr-za 9.00-2.00, zo 9.00-1.00, prijs pizza € 12,50, tram 12, 13, 14 willem de zwijgerlaan

(3) Falafel en bier is wat de klok slaat bij **Bar Kauffmann**. Een ideaal adres voor vegetariërs. En dan heb je nog een wand vol bijzondere craft-biertjes, wel dertig verschillende. Deze spot zit in een zijstraat, dus je moet het nét even weten. Met een klein terras in de zon is deze plek ook zomerproof.
reinier claeszenstraat 4b, www.barkauffmann.nl, telefoon 0208461606, open ma-do 17.00-23.00, vr-za 17.00-1.00, zo 15.00-23.00, prijs broodje falafel vanaf € 9, tram 12, 13, 14 willem de zwijgerlaan

(5) **Radijs** is trots op de prettige locatie in het vernieuwde West. Op de kaart staan broodjes die verwijzen naar de omgeving, waaronder Oude Baarsjes: een broodje met kleine augurkjes en mosterd. Amsterdamser kan niet! Drink een

speciaalbiertje van een lokale brouwerij en proef honing van de stadsimker. En geniet onderwijl van het industriële interieur of buiten van het grote terras aan het water.

jan evertsenstraat 41, www.radijs-amsterdam.nl, open ma-vr 8.30-2.00, za 10.00-2.00, zo 10.00-1.00, prijs € 16,50, tram 7, 13 marco polostraat

(6) Bij **Deli-caat** koop je zelfgebakken Frans stokbrood en quiches, groenten, fruit en biologische levensmiddelen. Ga zitten voor een kop koffie van White Label of een belegd broodje. De eigenaren noemen de zaak een mix van delicatessenwinkel, lunchroom en koffiebar. Ze overleggen graag met de klant wat er verkocht moet worden.

admiralengracht 223, www.deli-caat.nl, open ma-di 16.00-20.00, wo-zo 11.00-20.00, prijs € 12, tram 7, 13 marco polostraat

(8) Met een dergelijke naam, locatie en een niet-aflatende stroom publiek is het niet overdreven om **Bar Baarsch** het stralende middelpunt van de Baarsjes te noemen. Zakenlunches, vrijdagmiddagborrels, spontane diners, stomende feestjes en brakke ontbijtjes: alles kan hier. Een buurtcafé dus, maar dan in een eigentijds jasje met goed eten, een uitgebreide bierkaart (veel Amerikaanse speciaalbieren), dertig soorten whisky en verse gemberthee.

jan evertsenstraat 91, www.barbaarsch.nl, open ma-do 10.00-1.00, vr 10.00-3.00, za 11.00-3.00, zo 11.00-1.00, prijs € 15, tram 7, 13 marco polostraat

(9) Burgers en bier zijn wat bij **Bar Frits** de klok slaat. Met een groot terras aan het Mercatorplein is het hier goed toeven. Frits is een vrolijke tent met karakter, met even zo vrolijk personeel. Een plek waar je, na het eten van je smakelijke burger (er is ook een vega-optie) makkelijk tot in de late uurtjes blijft hangen. De bierkaart is zo uitgebreid dat je regelmatig kunt terugkomen om iets nieuws te proeven uit alle werelddelen.

jan evertsenstraat 91, frits-amsterdam.nl, telefoon 0202339796, open ma-do 16.00-1.00, vr 16.00-3.00, za 14.00-3.00, zo 14.00-1.00, prijs vanaf € 9,25, tram 7, 13 mercatorplein

(11) **White Label Coffee** wil de industriële sfeer van Brooklyn oproepen met zijn strakke, ruige koffiezaken. De koffie is hier versgebrand en staat in het

Lunch all afternoon

37

37

5
VEDETT

6

middelpunt: geen siropen, het liefst geen melk en geen schalen vol taarten. De thee komt van het Amsterdamse merk Monkey Chief Tea, de chocolade van het eveneens Amsterdamse merk Chocolátl. De koffie wordt ook los verkocht, inclusief alle spullen die je nodig hebt voor de perfecte bak koffie.
jan evertsenstraat 136, www.whitelabelcoffee.nl, open ma-vr 8.00-18.00, za-zo 9.00-18.00, tram 4, 17 mercatorplein

(16) Bij het leuke parkcafé **Terrasmus** kun je terecht voor sapjes en smoothies, wraps en soep, luxe tosti's, drankjes en ijsjes. Binnen is het goed toeven bij slecht weer, maar het allerleukst is het om op het terras met een hapje of drankje in het gras te gaan zitten. In de zomer worden allerlei (muzikale) activiteiten georganiseerd in en om het café.
erasmuspark, www.terrasmus.nl, open mrt-okt di-zo 10.00-18.00 (met mooi weer langer), prijs tosti € 3,75, tram 7 jan van galenstraat

(17) De bevriende buurmannen die **Eetwinkel Buurman & Buurman** runnen, wilden nieuw leven blazen in dit donkere hoekpand. Met vrienden toverden ze het om tot een plek om te koken en eten voor de buurt, met als hart een houtoven waaruit gegarandeerd de beste pizza's komen. Ze kopen alle ingrediënten zo veel mogelijk lokaal in. Je kunt ook shoppen in de schappen met onder meer Amsterdamse limoncello, Himalaya-zout en Turkse olijfolie.
mercatorstraat 171, www.eetwinkelbuurmanenbuurman.nl, open dagelijks 17.00-21.00, prijs € 12, tram 7 jan van galenstraat

(18) Het **Wilde Westen** is gevestigd in het souterrain van het oude GAK-gebouw in Bos & Lommer. De inrichting is industrieel, maar ze hebben een soort hippe huiskamersfeer weten te creëren, waardoor je je meteen thuisvoelt. Overdag komen hier vaak jonge creatievelingen om te werken en ondertussen te lunchen. 's Avonds kom je hier voor goede pizza's uit de houtoven. Iedere maandag is het 'gierige maandag' en betaal je voor alle pizza's op de kaart slechts 9 euro. Probeer de verrassende pizza Arabica, met mozzarella, spinazie en granaatappelpitjes eens!
bos en lommerplantsoen 1, www.wilde-westen.nl, telefoon 0207608290, open ma-do 9.00-1.00, vr 9.00-3.00, za 10.00-3.00, zo 10.00-1.00, prijs € 10, tram 7 erasmusgracht

(22) Niets hips, geen overdreven aankleding, maar gewoon een Indonesisch restaurant zoals het bedoeld is: **Betawi** vestigde zich ver voor de stroom uit in Bos en Lommer, inmiddels al meer dan dertig jaar geleden. De *nasi rames* is befaamd, maar ook voor lekkere vegetarische gerechten kun je hier terecht; het auberginegerecht is een aanrader.

admiraal de ruijterweg 337, www.betawi.nl, open di-zo 16.00-22.00, prijs € 10, tram 12, 14 bos en lommerweg

(26) Bij **Mossel & Gin** zijn ze gespecialiseerd in, je raadt het al, mosselgerechten en gin-tonics. Hier zul je geen zwarte pannen met mossels voorbij zien komen. Wat dacht je bijvoorbeeld van mosselen op zijn Thais, met kokoscurry en limoen of Surinaamse mosselen met pindasaus en kousenband. En natuurlijk neem je na een bezoekje een paar tubes van hun eigen *signature* gin-mayo mee naar huis, die ook standaard op iedere tafel ligt.

gosschalklaan 12, www.mosselengin.nl, telefoon 0204865869, open di-do 16.00-0.00, vr 14.00-1.00, za 13.00-1.00, zo 13.00-0.00, prijs € 16, tram 10 van limburg stirumstraat

(28) Eigenzinnig is misschien de beste omschrijving van rock-'n-rollrestaurant **Pacific Parc**. De inrichting van de grote industriële ruimte is fijn rommelig en het is goed mensen kijken vanaf de banken langs de wand. 's Winters brandt er een gezellig vuurtje, 's zomers zit je prinsheerlijk op het terras. Van donderdag tot zaterdag gaan de tafels 's avonds aan de kant voor livemuziek en goede dj's.

polonceaukade 23, www.pacificparc.nl, open ma-wo 11.00-1.00, vr-za 11.00-3.00, zo 11.00-23.00, prijs € 17, tram 10 van limburg stirumstraat

(32) 'Je bent wel gek als je hier niet komt eten,' zei voormalig burgemeester Job Cohen bij de opening van **Restaurant Freud**. Niet in de minste plaats vanwege het bijzondere en ook toegewijde personeel. De tachtig medewerkers hebben geworsteld met een psychiatrische stoornis of verslaving en krijgen hier een tweede kans. Alles wat je hier eet komt uit eigen keuken, tot de taarten en bonbons aan toe. In de gerechten worden uitsluitend scharrelvlees, verantwoorde vis en zo veel mogelijk biologische groenten gebruikt.

spaarndammerstraat 424, www.restaurantfreud.nl, open di-zo 11.00-23.00, prijs menu € 24,95, tram 3 haarlemmerplein

(33) Alles in **DopHert** is volledig veganistisch. Lattes met amandelmelk, tosti's met vegan kaas en *meatloaf* gemaakt van linzen; deze lunchzaak geeft veganistisch een nieuwe dimensie. Met het Westerpark om de hoek is afhalen ook een optie. Verder vind je hier accessoires, cosmetica en zelfs vegan condooms!
spaarndammerstraat 49, www.dophertcatering.nl, open di-za 10.00-17.30, zo 11.00-17.30, prijs € 6,50, tram 3 haarlemmerplein

(36) Vader Ad en zoon Steven zijn het brein achter het briljante concept van **Wilde Kroketten**. Hier eet je handgemaakte kroketten met brood en een frisse salade. Ze maken de bouillon, die als basis dient, zelf en rollen daarna de allerlekkerste kroketten. Er zijn zo'n twintig verschillende soorten kroketten; naast de Hollandse rundvleeskroket kun je bijvoorbeeld ook gaan voor een Aziatische eendkroket, Indonesische rendangkroket of een vega linzen-geitenkaaskroket. 's Avonds kun je terecht voor een vijfgangendiner dat bestaat uit kroketten en ander lekkers.
danzigerkade 27, wildekroketten.nl, telefoon 0207372909, open ma-di 12.00-16.00, wo, do & zo 12.00-23.00, vr-za 12.00-1.00, prijs €14, bus 48 koivistokade

38

(37) Ooit lag het **REM Eiland** op 9 kilometer voor de kust van Noordwijk in de Noordzee en werden er rebelse televisie-uitzendingen gemaakt door TV Noordzee. Tegenwoordig ligt het opvallende gebouw in de Houthavens en is er een restaurant in gevestigd waar je met fenomenaal uitzicht over de havens van Amsterdam kunt dineren. Laat je verrassen door een menu van de chef.
haparandadam 45-2, www.remeiland.com/nl/home, telefoon 0206885501, open dagelijks 12.00-22.00, prijs € 20, bus 48 koivistokade

(38) Bij **Restaurant BAK** ben je aan het juiste adres als je van bijzondere ingrediënten en combinaties houdt. Er is geen vaste kaart; je kiest uit een drie- of een zesgangenmenu en de chef verrast je met vergeten groenten en biologische, veelal lokale producten. Veel van de gerechten zien eruit als ware kunstwerkjes op je bord en op de wijnkaart staat een mooie selectie aan wijnen.
van diemenstraat 408, www.bakrestaurant.nl, telefoon 0207372553, open wo-vr 19.00-1.00, za-zo 12.30-1.00, prijs zesgangenmenu € 55, bus 22 barentszplein

SHOPPEN

(2) De leuke mannen achter **The Wine Spot** bewijzen met hun kennis over en liefde voor wijn dat wijn kopen een van de leukste bezigheden ter wereld is. De wijnen komen uit zeven Europese landen, waaronder Roemenië. Zoek je een wijn bij een gerecht, dan kun je er advies krijgen. Ook voor gekoelde wijn en bijzondere biertjes kun je hier terecht.
admiraal de ruijterweg 43, www.thewinespot.nl, open ma 14.00-19.00, di-vr 11.00-19.00, za 10.00-19.00, zo 12.00-18.00, tram 12, 13, 14 willem de zwijgerlaan, tram 7 jan evertsenstraat

(10) Sanne en Petra hebben een verzameldrang, maar ze zijn ook kieskeurig. Daardoor vind je bij **Things I Like Things I Love** een zorgvuldig geselecteerde mix van vintage en nieuwe kleding, ontworpen door opvallende creatievelingen. Zo zijn er onder meer de breigoederen van buurvrouw Willie. De dames richten op verzoek huizen, kantoren en hotels in, waaronder Hotel Dwars.
jan evertsenstraat 106, www.thingsilikethingsilove.com, open ma 13.00-18.00, di-wo & vr-za 11.00-18.00, do 11.00-20.00, zo 13.00-17.00, tram 7, 13 mercatorplein

(20) Het was gewaagd om deze boekhandel te openen in Bos en Lommer, een zogenoemde 'kansenwijk' (probleemwijk die van de gemeente extra aandacht krijgt). **De Nieuwe Boekhandel** is ondertussen uitgegroeid tot ontmoetingspunt. Dit is dé locatie om BoLo-goodies (tassen, pennen en meer met het BoLo-logo) te kopen. Ook worden hier lezingen, boekbesprekingen en workshops gegeven.
bos en lommerweg 227, www.libris.nl/denieuweboekhandel, open ma 13.00-18.00, di-vr 10.00-18.00, za 10.00-17.00, tram 14 egidiusstraat

(23) Fan van uitjes, augurken en Hollandse mosterd? Grote kans dat ze, zelfs in de supermarkt, van **Kesbeke Zoet & Zuur** zijn. Deze 70 jaar oude zaak is vandaag de dag de enige 'inleggerij' (waarbij de groenten in het zuur worden gelegd) van Amsterdamse tafelzuren. Je koopt hier ook bijzondere oliën, azijnen en alles om zelf groente en fruit in te maken.
adolf van nassaustraat 3, www.zoetenzuur.nl, open wo-vr 11.00-17.00, za 10.00-17.00, tram 12, 14 bos en lommerweg

(30) Bij **Kweek Stadstuinwinkel** vind je alles wat de mens met weinig ruimte, doch groene vingers zoekt: biologische tuinkruiden, biologische groenten die in een pot en geveltuin kunnen groeien, klein gereedschap, hangende tuintjes en minituinen in kistjes. Je koopt hier uitsluitend biologische grond, meststoffen en gewasbescherming.
spaarndammerstraat 54, www.spaarndammerstraat.nl/winkel/kweek-stadstuinwinkel, open di-vr 10.00-18.00, za 10.00-17.00, tram 3 haarlemmerplein

LEUK OM TE DOEN

(4) **TOON Amsterdam** is een podiumwinkel die creatieve ondernemers, kunstenaars en ontwerpers een podium biedt om hun werk te tonen. Bij TOON kun je terecht voor kleine cadeautjes, maar ook voor exclusieve kunstwerken. En er worden geregeld culturele evenementen georganiseerd, zoals huiskameroptredens, albumlanceringen of boekpresentaties.
jan evertsenstraat 4-6-8, www.toon.amsterdam, telefoon 0642011831, open di-za 10.00-18.00, zo 12.00-18.00, tram 12, 13, 14 willem de zwijgerlaan, tram 7 jan evertsenstraat

27

4
TOON

⑦ Na een succesvolle crowdfundingcampagne opende **Kattencafé Kopjes** in 2015 haar deuren. Er wonen acht katten en het café is zo ingericht dat het de *furry* viervoeters aan niks ontbreekt. Ondertussen kun je genieten van je lekkere 'catuccino' met een stuk cake of iets van de lunchkaart. Omdat er slechts plaats is voor twintig mensen tegelijk is reserveren noodzakelijk. Je betaalt ook een zogenaamde *cat tax* van 3 euro, zodat ze de katten gezond en gelukkig kunnen houden.

marco polostraat 211, kattencafekopjes.nl, telefoon 0207370999, open wo-zo 10.00-19.00, entree € 3, tram 7, 13 marco polostraat

⑮ Het **Erasmuspark** is niet zomaar een park: het is aangelegd waar honderd jaar geleden nog polder was, compleet met weilanden en sloten. Net als in een schilderij van Mondriaan is er gezocht naar harmonie tussen vlak, kleur en lijn. In het park is gezocht naar harmonie tussen paden, bomen en gras. In het midden van het park ligt een rozentuin; aan de kant van de Jan van Galenstraat staan beelden van dieren en een eskimo.

erasmuspark, tram 7 jan van galenstraat (hoofdweg)

(21) De voormalige Pniëlkerk is de afgelopen jaren uitgegroeid tot het culturele hart van Bos en Lommer. Op het programma van **Podium Mozaïek** staan dans, theater, wereldmuziek en kleinkunst. Er is ook een aantal studio's en ateliers. In de expositieruimte worden werken van upcoming beeldend kunstenaars getoond. In het theatercafé kun je daarnaast ieder weekend van 10.00 tot 15.00 uur genieten van een traditioneel Turks ontbijt.
bos en lommerweg 191, www.podiummozaiek.nl, open theatercafé zo-do 9.30-0.00, vr-za 9.30-1.00, zie website voor aanvangstijden voorstellingen, prijs turks ontbijt € 13,50, tram 12, 14 bos en lommerweg

(25) Het **Westerpark** is ruim opgezet met veel water, heuveltjes, grasvelden en een kinderboerderij. Na de sluiting van de Westergasfabriek in 1967 was het terrein zo vervuild dat de bovenlaag van de grond eerst afgegraven moest worden om er een openbaar park van te maken. Nu is het gelukkig weer een prettig park om te wandelen en ontspannen.
westerpark, tram 10 van limburg stirumstraat

(29) Het **Ketelhuis** wordt ook wel 'de kantine van de Nederlandse film en tv' genoemd, maar ook voor Europese kwaliteitsfilms kun je hier terecht. Fijne bijkomstigheid: waar je bij de gemiddelde bioscoop niet meer kunt krijgen dan popcorn en nachos met kaas, kun je hier prima dineren. Er is een wisselend dagmenu.
pazzanistraat 4, www.ketelhuis.nl, zie website voor aanvangstijden films, entree € 10, tram 10 van limburg stirumstraat

(31) Dit badhuis werd in 1916 gebouwd voor arbeiders uit de Spaarndammerbuurt. Nu staat de **Hammam** open voor iedereen. Er zijn verschillende baden.
zaanstraat 88, www.hammamamsterdam.nl, open ma 18.00-22.00 (voor mannen), di-zo 12.00-22.00 (voor vrouwen), entree € 17, tram 3 haarlemmerplein

ROTTERDAM

EIGENWIJS & INNOVATIEF

CITY HIGHLIGHTS

+ MUSEUM BOIJMANS VAN BEUNINGEN + OP HET DAK + DE MARKTHAL + KOP VAN ZUID + FENIX FOOD FACTORY

DE STAD

Ben je even toe aan heel wat anders? Dan is het eigenzinnige Rotterdam de plek voor jou! In de stoere havenstad geldt: *what you see is what you get*. De metropool aan de **Maas** charmeert door zijn totaal eigen karakter, zijn nuchtere inwoners en z'n markante moderne stadsgezicht.

Je kunt goed wandelen in Rotterdam, maar het is ook leuk en gemakkelijk om de stad per fiets te verkennen. Sommige buurtjes liggen namelijk een eind uit elkaar en niets is fijner dan met de wind in je haar langs de rivier fietsen.

Naast de bekende architectuuriconen als de Euromast en de Kubuswoningen, zijn er veel andere interessante bezienswaardigheden, mooie musea en verborgen plekjes. Op het gebied van kunst en cultuur is er veel te beleven rondom het **Museumpark**. Hier en in de nabijgelegen **Witte de Withstraat** heb je keuze uit meer dan tien culturele instellingen.

Ook kun je er heerlijk shoppen: in de kleine straatjes in het centrum, maar vooral ook in de minder bekende en meer upcoming wijken vind je leuke vintagewinkels en prachtige designboetieks van lokale ontwerpers.

En dan is er nog de foodcultuur. Goed eten is sinds een aantal jaar gestegen op het prioriteitenlijstje van de Rotterdammers en leuke restaurantjes zijn er dan ook in overvloed. 's Avonds is er van alles te beleven: van undergroundclub tot jazzconcert en van een filmspecial in de bios tot een speciaalbiertje in de kroeg.

Het
Gebouw
71

ROUTE

ROTTERDAM-NOORD

OVER DE ROUTE

Benieuwd naar het Rotterdam aan de andere kant van het spoor? Tijdens deze wandeling zie je dat de stad veel verschillende gezichten heeft en meer is dan de stad van moderne architectuur en imposante highlights. Laat je verrassen door het klassieke Oude Noorden met z'n leuke winkeltjes en geniet van de urban foodcultuur van de hippe Hofbogen, het ZOHO-kwartier en het Schieblock. Op deze route vind je geen grote highlights, maar ontdek je vooral veel verborgen parels.

DE WIJKEN

Rotterdam staat, ondanks haar naam, bekend om de Maas en niet om de veel kleinere Rotte. De Rotte mag dan uiteindelijk stilletjes uitmonden in de Stadsdriehoek, pas in het **Oude Noorden** merk je dat de rivier waaraan Rotterdam z'n naam dankt nog altijd een vrij grote stroom is. Staand aan de kades is goed te zien dat deze buurt nooit gebombardeerd is geweest. Het Oude Noorden werd in de 19e eeuw gebouwd om het overvolle centrum te ontlasten. Omdat het de bommenregen van 1940 overleefde, is het nu een van de oudste wijken van Rotterdam. De buurt heeft z'n klassieke karakter altijd behouden en je vind er mooie pleinen, oude bruggetjes en bruine buurtcafés. De laatste jaren heeft het Oude Noorden zich sterk ontwikkeld, onder meer door een groep kleine ondernemers die de buurt weer op de kaart wil zetten. Tegenwoordig is het een van de hipste wijken van Rotterdam en onder locals een geliefd winkel- en restaurantgebied.

Steek je de Noordsingel over, dan kom je in een heel ander deel van **Rotterdam-Noord**. Op de hoek van de Vijverhofstraat en de Bergweg vind je een voormalig station. Vanaf hier loopt de oude spoorlijn richting Hofplein. In de ruimtes onder het spoor, de Hofbogen, vestigden zich boetieks, restaurants en creatievelingen.

Dat een deel van het aangrenzende **ZOHO-kwartier** wél verwoest werd in het bombardement zie je direct. Hier staan allerlei moderne kantoorpanden, die lange tijd erg verwaarloosd waren. Verschillende initiatieven om de buurt uit het slop te trekken hebben hun vruchten afgeworpen. Vroeger gingen centrumbewoners niet zo snel naar Noord, maar nu mis je echt wat als je er nooit komt.

Via de Luchtsingel steek je gemakkelijk het spoor over richting het Schieblock, dat deel uitmaakt van het Central District. In deze buurt ben je aan het juiste adres voor een goede borrel, lekker eten en muziek.

WEINIG TIJD? DIT ZIJN DE HOOGTEPUNTEN:
BROUWERIJ NOORDT + MUSEUMWONING ROTTERDAM + ZOMERHOFKWARTIER (ZOHO) + STATION HOFPLEIN + LUCHTSINGEL

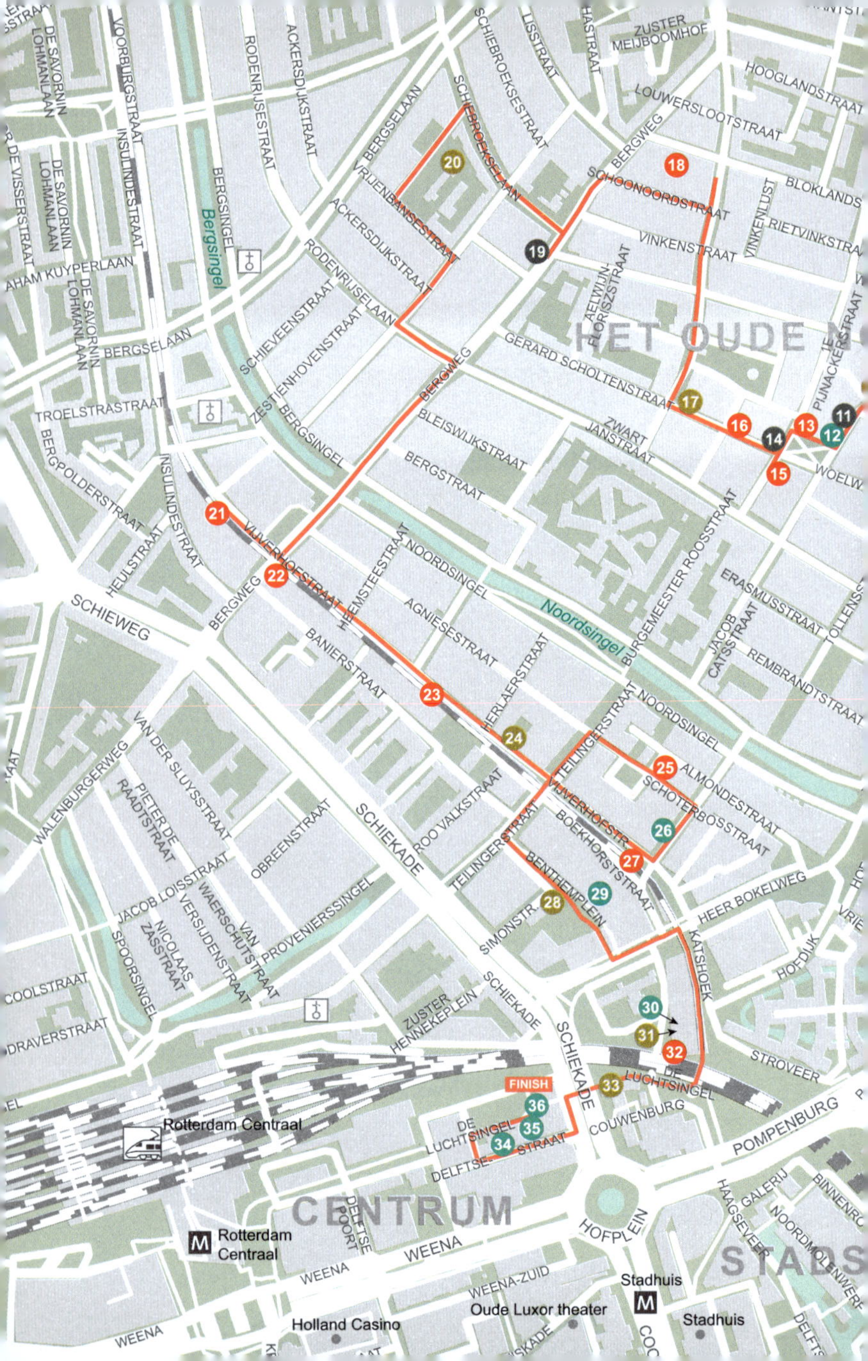

VOORBURGSTRAAT
DE SAVORNIN LOHMANLAAN
RODENRIJSESTRAAT
ACKERSDIJKSTRAAT
SCHIEBROEKSELAAN
SCHIEBROEKSESTRAAT
LISSTRAAT
HASTRAAT
ZUSTER MEIJBOOMHOF
HOOGLANDSTRAAT
LOUWERSLOOTSTRAAT
BERGWEG
BLOKLANDSTRAAT
SCHOONOORDSTRAAT
RIETVINKSTRAAT
VINKENLUST
VINKENSTRAAT
BERGSELAAN
VRIJENBANSESTRAAT
INSULINDESTRAAT
BERGSINGEL
Bergsingel
DE VISSERSTRAAT
ABRAHAM KUYPERLAAN
ACKERSDIJKSTRAAT
RODENRIJSELAAN
AELWIJN FLORISZSTRAAT
HET OUDE N
1E PIJNACKERSTRAAT
GERARD SCHOLTENSTRAAT
SCHIEVEENSTRAAT
ZESTIENHOVENSTRAAT
BERGSELAAN
TROELSTRASTRAAT
BERGWEG
BLEISWIJKSTRAAT
ZWART JANSTRAAT
WOELW
BERGPOLDERSTRAAT
BERGSINGEL
BERGSTRAAT
INSULINDESTRAAT
HEULSTRAAT
VIJVERHOFSTRAAT
HEEMSTEESTRAAT
NOORDSINGEL
BURGEMEESTER ROOSSTRAAT
ERASMUSSTRAAT
TOLLENS
Noordsingel
JACOB CATSSTRAAT
REMBRANDTSTRAAT
SCHIEWEG
BERGWEG
AGNIESESTRAAT
BANIERSTRAAT
HERLAERSTRAAT
NOORDSINGEL
TEILINGERSTRAAT
ALMONDESTRAAT
SCHOTERBOSSTRAAT
VIJVERHOFSTR.
BOEKHORSTSTRAAT
WALENBURGERWEG
VAN DER SLUYSSTRAAT
PIETER DE RAADTSTRAAT
SCHIEKADE
ROO VALKSTRAAT
TEILINGERSTRAAT
BENTHEMPLEIN
OBREENSTRAAT
JACOB LOISSTRAAT
VERSLUIJSSTRAAT
WAERSCHUTSTRAAT
VAN
PROVENIERSSINGEL
SIMONSTR.
HEER BOKELWEG
KATSHOEK
HOFDIJK
SPOORSINGEL
NICOLAAS ZASSTRAAT
COOLSTRAAT
DRAVERSTRAAT
ZUSTER HENNEKEPLEIN
SCHIEKADE
SCHIEKADE
STROVEER
DE LUCHTSINGEL
FINISH
Rotterdam Centraal
DE LUCHTSINGEL
DELFTSESTRAAT
COUWENBURG
POMPENBURG
CENTRUM
DELFTSE POORT
HOFPLEIN
HAAGSEVEER
GALERIJ
NOORDMOLENWERF
BINNENRO
Rotterdam Centraal
WEENA
WEENA
WEENA-ZUID
Stadhuis
STADS
Oude Luxor theater
Holland Casino
Stadhuis
WEENA
11
12
13
14
15
16
17
18
19
20
21
22
23
24
25
26
27
28
29
30
31
32
33
34
35
36

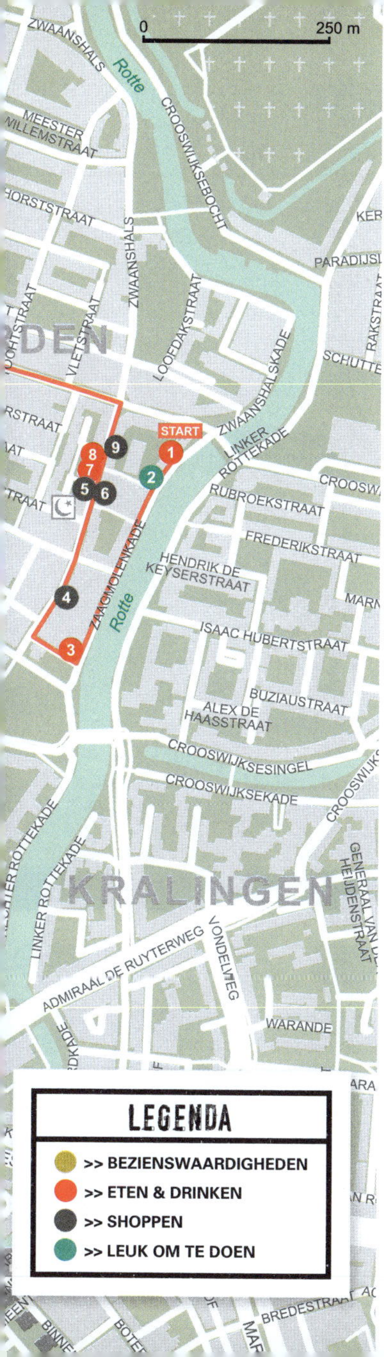

ROUTE ROTTERDAM

1 Bertmans
2 Brouwerij Noordt
3 Lof der Zoetheid
4 Whiskybase
5 Ja, Wol
6 Lily Scarlet
7 Allegaartje
8 Zino's Urban Bistro
9 Margootje Vintage
10 Museumwoning Rotterdam
11 Jeroen Bakt Brood
12 Assman Herenkapper
13 Tosca
14 Daisy Kroon
15 Speck
16 Mevrouw Meijer
17 RORO Museum
18 Café Rose Rouge
19 Arzu
20 Galerie Untitled
21 Urban Bakery
22 COPPI Koffie & Fietsen
23 Man Met Bril Koffie
24 Vrouwe Groenevelt's Liefdesgesticht
25 Gare du Nord
26 ZOHO
27 Eurotrash United
28 Benthemplein
29 Hofpleintheater
30 Station Hofplein
31 Luchtpark
32 Restaurant De Jong
33 Luchtsingel
34 Hiphophuis
35 Annabel
36 BAR & Biergarten

ROUTEBESCHRIJVING (ca. 6,2 km)

Na een ontbijtje bij Bertmans 1 loop je langs de Rotte richting Noordplein. Onderweg kom je allerlei leuke winkeltjes tegen en kun je een bierbrouwerij bezoeken 2. Sla rechtsaf bij Lof der Zoetheid 3 en nogmaals rechtsaf het Zwaanshals in. Deze lange straat zit vol met kledingzaakjes, designshops en restaurants 4 5 6 7 8 9. Ga dan linksaf de Zaagmolenstraat in tot aan de Jacob Catsstraat. Hier sla je linksaf voor een verrassende museumwoning 10, een hippe bakker 11 en een traditionele herenkapper 12. Aan je rechterhand ligt het Brancoplein met restaurantjes en een boetiek 13 14 15. Steek het plein over en verlaat het via de Gerard Scholtenstraat. Hier kun je 's avonds goed eten 16 en een borrel drinken terwijl je van kunst geniet 17. Sla dan rechtsaf de Benthuizerstraat in. Je komt langs het leuke Pijnackerplein met de muziektent en langs een cocktailbar 18. Sla dan linksaf op de Schoonoordstraat richting de Bergweg en sla linksaf voor chocola 19. Als je rechts de Schiebroekselaan in loopt, kom je bij een kunstgalerie 20. Ga naar links de Koningsveldestraat in en wandel terug (links, rechts, links) naar de Bergweg tot aan het voormalige treinstation. Hier beginnen de zogenaamde Hofbogen en kun je nog een lekker taartje eten 21 of een 'bakkie doen' 22. Sla dan linksaf de Vijverhofstraat in. Echte cafeïne-junkies nemen hier nog een extra shot 23. Loop rechtdoor over de Vijverhofstraat en kom een opmerkelijk woonblok tegen 24. Sla links de Teilingerstraat in, ga dan de eerste rechts voor een bijzonder restaurant 25 en ga op het eind rechts de Zomerhofstraat in. Hier is het ZOHO-kwartier naar genoemd 26. Sla rechts om terug te komen op de Vijverhofstraat en kom even op adem met een biertje 27. Ga dan links en vervolgens weer links de Benthemstraat in en loop het plein op 28 29. Loop onder het gebouw door de Heer Bokelweg op en steek de weg over naar de Raampoortstraat. Hier vind je Station Hofplein 30 en het Luchtpark 31 Bij Restaurant De Jong 32 sla je het hoekje om en loop je de Luchtsingel op 33. Aan de overkant van de weg ligt het creatieve Schieblock met z'n bars en clubs en kom je bij van het wandelen 34 35 36.

BEZIENSWAARDIGHEDEN

(10) Midden in een pittoresk straatje in Noord zie je een bordje dat je naar de **Museumwoning Rotterdam** wijst. Binnen stap je terug in de tijd en ontdek je hoe het was om in de jaren 30 en 40 van de vorige eeuw in een 'alkoofwoning' te leven. Ook zie je hoe het eruitzag in een wederopbouwpand uit de jaren 50 en 60. De woningen zijn ingericht met originele stukken uit die tijd. Vrijwilligers vertellen je graag meer over het museum. Een unieke ervaring!

jacob catsstraat 23, www.museumwoning.nl , telefoon 0104669383, open wo 12.30-17.30, of op afspraak, entree gratis, tram 4, 8 zwaanshals

(17) In de toch al legendarische bruine kroeg Café de Bel bevindt zich misschien wel de kleinste en meest bizarre kunstruimte van Rotterdam: het **RORO Museum**. Kunstenaar Rosa Peters en barman Romano begonnen met deze wisselvitrine in 2013. Iedere twee weken wordt op zondagmiddag een nieuw kunstwerk onthuld in de kleine glazen kubus aan de wand.

gerard scholtenstraat 61-b, fb roromuseum, open ma-do & zo 15.00-1.00, vr-za 15.00-2.00, entree gratis, tram 4, 8 benthuizerstraat

(20) In **Galerie Untitled** toont fotograaf Lenny Oosterwijk werk van verschillende hedendaagse kunstenaars: gevestigde namen en opkomende artiesten. De galerie zit in een prachtig gerenoveerd schoolgebouw uit 1912. Eens per maand is er het event Galerie Untitled Presents, waarin kunst, muziek en lezingen samenkomen.

koningsveldestraat 14, www.untitled2011.com, telefoon 0651426758, open vr-za 10.00-18.00 en op afspraak, check de website voor events, entree gratis, tram 4 van den hoonaardstraat

(24) Begin 19e eeuw besloot de welgestelde Geertruy Groenevelt dat ze een fortuin zou nalaten voor de bouw van een hofje waar bejaarde en ongetrouwde vrouwen konden wonen. Zo ontstond **Vrouwe Groenevelt's Liefdesgesticht**. Het zit nu al meer dan 100 jaar in Rotterdam-Noord en er wonen nog altijd mensen in de huisjes. Het hofje is niet te bezoeken, maar door het hek gluren is ook leuk!

vijverhofstraat 69-9, niet toegankelijk voor bezoekers, tram 4 noordsingel

(28) Omdat het in de toekomst door klimaatverandering vaker zal regenen, is de gemeente al een poosje bezig met het aanleggen van duurzame opvangstructuren. Ontwerpbureau De Urbanisten richtte daarvoor het **Benthemplein** opnieuw in. Bij goed weer kun je er sporten en ontspannen, maar bij regen lopen de drie bassins tijdelijk vol met overtollig water uit de omgeving. Er is veel ruimte voor planten en kunst, zoals de bijzondere fontein van kunstenares Anouk Vogel, die naast de kerk staat en daar ook dienst doet als doopvont.
benthemplein, www.rotterdam.nl/benthemplein, tram 4 heer bokelweg

(31) Er is lang getwijfeld over tot wat voor leuks het dak van Station Hofplein moest worden omgetoverd. Zouden ze het oude perron en spoor veranderen in een terras, een schapenweide of een boulevard op hoogte? Uiteindelijk werd men het eens: een **Luchtpark**! De helft van het Luchtpark bestaat uit een eetbare tuin, waarvan de oogst door omliggende restaurants wordt gebruikt. De andere helft van het groene dak is voor wandelingetjes en evenementen.
raampoortstraat, www.hofbogen.nl/luchtpark, telefoon 0102653391, open dagelijks 10.00-zonsondergang, entree gratis, metro d,e stadhuis, tram 4 heek bokelweg

(33) De **Luchtsingel** is een 390 meter lange loopbrug, die in 2015 is opgeleverd. Het ontwerp bestaat uit vier onderdelen: de DakAkker op het Schieblock, het Luchtpark op Station Hofplein, Park Pompenburg onder de loopbrug en tot slot de Luchtsingel zelf, die alle onderdelen met elkaar verbindt. De singel is versierd met stukjes uit het gedicht 'Mi have een droom' van Ramsey Nasr.
raampoortstraat, www.luchtsingel.org, metro d, e stadhuis

ETEN & DRINKEN

(1) **Bertmans** is met z'n stijlvolle interieur en terras een fijne plek aan de Rotte. Met de bijzondere smoothies en voedzame ontbijt- en lunchgerechten begin je de dag meteen goed. Als Bertmans na de borrel z'n deuren sluit, schuif je door naar buurman **Destino**, het luxe tapasrestaurant van dezelfde eigenaren.
zaagmolenkade 15, bertmans.nl, fb bertmans.rotterdam, telefoon 0108448860, open ma-vr 8.45-22.00, za-zo 9.30-17.30, prijs ontbijt / lunch € 10, tram 8 zaagmolenbrug

(3) Zeg je 'gebak' in Rotterdam-Noord, dan roept iedereen: **Lof der Zoetheid**. Je kunt er prima terecht voor een puntje taart en zelfs voor een hartige lunch, maar het leukst is de fantastische *afternoon tea* (wel even van tevoren reserveren). Als je geen tijd hebt voor een uitgebreide theesessie kun je ook wat lekkers meenemen bij het naastgelegen Afhaalloket.
noordplein 1, www.lofderzoetheid.com, fb lof-der-zoetheid, telefoon 0102650070, open ma & wo-vr 10.00-17.00, za-zo 10.00-17.30, prijs taartje € 4, afternoon tea € 25, tram 7 noorderbrug

(7) **Allegaartje** mag dan oer-Hollands klinken, dit gezellige restaurant is verre van dat. Ze zijn er namelijk gespecialiseerd in de Koreaanse keuken, en dan in het bijzonder in *Bulgogi,* oftewel Korean BBQ. Rooster je eigen biefstukjes en geniet van een heerlijke maaltijd. Ze hebben er ook smakelijke take-away-gerechten.
zwaanshals 277-a, www.allegaartje-catering.nl, telefoon 0625223249, open wo-do 18.00-22.00, vr-za 18.00-23.00, prijs korean bbq vanaf € 25 p.p., take-away vanaf € 3, tram 4, 8 zwaanshals

⑧ **Zino's Urban Bistro** haalt z'n inspiratie uit foodtrends van over de hele wereld en staat bekend om z'n bijzondere smaakcombinaties. Als je gaat voor het Eten-wat-de chef-schaft-menu (drie of vier gangen), zul je nooit teleurgesteld zijn. Voor vegetariërs is er een Vis-noch-vlees-menu. Beide zijn elke dag weer anders. Inspiratie opgedaan? Bij Zino's Provisiekamer aan de overkant kun je spulletjes inslaan om je helemaal uit te leven in je eigen keuken.
zwaanshals 265, www.zinourbanbistro.nl, telefoon 0104660303, open wo-za 17.30-22.00, prijs driegangenmenu € 34, viergangenmenu € 39, tram 4, 8 zwaanshals

⑬ Het pittoreske pleintje waar restaurant **Tosca** aan ligt, doet je haast vergeten dat je je midden in het stoere Rotterdam bevindt. Tosca heeft een wekelijks wisselende menukaart vol gerechten in mediterrane stijl, maar bereid met de beste producten van lokale telers. Aanrader is het vier- of vijfgangenmenu, waarbij je verrast wordt door de chef.
1e pijnackerstraat 120-b, www.restauranttosca.nl, telefoon 0102372589, open wo-zo 16.00-22.00, prijs viergangenmenu € 39, vijfgangenmenu € 45, tram 4, 8 benthuizerstraat

⑮ Van dezelfde eigenaar als restaurant Tosca is het fijne zaakje **Speck**. Het idee is dat je bij Tosca luxe en langzaam dineert, terwijl je bij Speck betaalbaar en snel, maar ook gezond kunt eten. De kaart is Italiaans georiënteerd en de meeste gerechten worden in de houtoven bereid. Elke week staat er weer wat anders op het menu, maar het onbetwiste hoogtepunt blijven de pizza's.
1e pijnackerstraat 134-a, www.speckrotterdam.nl, telefoon 0611130701, open dagelijks 17.00-21.00, prijs pizza € 10, tram 4, 8 benthuizerstraat

⑯ Dat het restaurant alleen van dinsdag tot en met vrijdag open is en toch vrijwel altijd vol zit, zegt eigenlijk al genoeg: **Mevrouw Meijer** is mateloos populair. Een aantal weken van tevoren reserveren is dus aan te raden. Weet je een tafeltje te bemachtigen, dan geniet je hier van een heerlijk en betaalbaar driegangenmenu in klassiek Franse stijl. Leuk weetje: Mevrouw Meijer is eigenlijk een man: chef Richard Meijer zwaait al jaren de scepter over de keuken.
gerard scholtenstraat 39-a, fb mevrouwmeijer, telefoon 0104663367, open di-vr 17.30-middernacht, prijs menu € 45, tram 4, 8 benthuizerstraat

8

1

13

(18) **Café Rose Rouge** is een onverwacht hippe verrassing in het verder zo pittoreske Rotterdam-Noord. De bar is geïnspireerd op de typische sfeer van een chique hotellobby. Drink er een van de prachtige cocktails, zoals hun signature Rose Rouge met vlierbloesemlikeur, aperol en prosecco, of de Royal met rozen, rabarbercrème, vodka en pruimenbitters.

benthuizerstraat 35B, www.restauranttosca.nl/roserouge/, telefoon 0652006616, open wo-do 17.00-01.00, vr 17.00-02.00, za 15.00-02.00, zo 17.00-00.00, prijs cocktails € 9, tram 8 benthuizerstraat

(21) Net uit de loop, om de hoek van het oude Station Bergweg van architect Sybold van Ravesteyn, zit de bakkerswerkplaats en stadsbar **Urban Bakery**. Vanaf je tafel kijk je hier zo de open bakkerij in, waar patissiers de hele dag door de lekkerste ambachtelijke taartjes, koeken en fudge maken. Weinig tijd? Al het lekkers kun je ook aan de toonbank bestellen en meenemen.

voorburgstraat 217-219, www.urbanbakery.nl, telefoon 0107511380, open di-za 8.30-17.00, zo 10.00-17.00, prijs cappuccino € 2,50, taartje € 3,50, tram 4 eudokiaplein

(22) Wandelend over de niet al te hippe Bergweg kijk je ineens gek op bij een fris zaakje als **Coppi Koffie & Fietsen**. In een prachtig hoekpand onder de voormalige spoorlijn, recht tegenover het oude Station Bergweg, kun je je fiets laten opknappen, terwijl je zelf bijkomt met een bakkie. De naam van de bar verwijst behalve naar 'koppie koffie' ook naar de Italiaanse wielrenner Fausto Coppi.
bergweg 316, www.coppikoffie.nl,telefoon 0107371789, open di-zo 8.30-17.30, prijs cappuccino € 2,75, tram 4 eudokiaplein

(23) Op het Hoofdkantoor van **Man Met Bril Koffie** schenken ze volgens velen 's lands lekkerste 'bakkie pleur'. Dat is niet zo gek als je bedenkt dat eigenaar Paul Sharo dag en nacht met zijn koffieblends in de weer is. In de koffiebar streven ze dagelijks naar de beste manier om de bonen te branden, om zo een perfecte kop koffie te kunnen serveren.
vijverhofstraat 70, www.manmetbrilkoffie.nl, telefoon 0103072855, open ma-vr 8.00-17.00, za-zo 9.00-18.00, prijs cappuccino € 3,50, tram 4 noordsingel

(25) Een van de meest bijzondere restaurants van Rotterdam-Noord is **Gare du Nord**. Niet alleen bevindt het zich op een verborgen pleintje, het zit ook nog eens verstopt in een oude treinwagon en er wordt uitsluitend met biologische en plantaardige ingrediënten gekookt.
anthoniestraat 2, www.restaurantgaredunord.nl, telefoon 0102657236, open wo-zo vanaf 12.00, prijs dinermenu € 32,50, tram 4 noordsingel

(27) **Eurotrash United** is de grote droom van kunstenaarsduo Arno Coenen en Iris Roskam, bekend van hun enorme plafondkunstwerk in de Markthal. Al jaren wilden zij een eigen brouwerij en *bierstube* beginnen, en in de Hofbogen vonden ze eindelijk een mooie plek. Met crowdfunding haalden ze het benodigde geld op, waarna ze de ruimte voorzagen van een krankzinnige inrichting. Probeer vooral een pint van hun eigen brouwlabel Kaiser Küttlipp.
vijverhofstraat 10, fb eurotrashbrewery, telefoon 0655788517, open wo-zo vanaf 15.00, prijs pils € 2,50, speciaalbier € 4,50, tram 4 heer bokelweg

(32) Jim de Jong is al lange tijd een begrip in culinair Rotterdam en ook zijn **Restaurant De Jong** doet het goed bij zijn stadsgenoten. Jim werkt met groenten van het *urban* landbouwproject Uit Je Eigen Stad en met eetbare bloemen van

de DakAkker, de daktuin boven op het Schieblock. Je kunt kiezen tussen twee viergangenmenu's: vegetarisch, of met vis of vlees.
raampoortstraat 38, www.restaurantdejong.nl, telefoon 0104657955, open wo-zo vanaf 18.00, prijs menu € 45, metro d, e stadhuis, tram 4 heer bokelweg

SHOPPEN

④ Of je nou een liefhebber van het amberkleurige drankje bent, een cadeautje zoekt, of alleen maar even een kijkje wilt nemen: bij **Whiskybase** ben je van harte welkom! Hier staan meer dan 100 soorten whisky en bourbon op fles, van klassieke Schotse tot zachte Japanse en zelfs wat experimentele Indiase varianten. De winkel is gespecialiseerd in kleine, onafhankelijke producenten en het personeel licht met liefde elke fles toe, terwijl je mag ruiken en proeven.
zwaanshals 530, www.shop.whiskybase.com, telefoon 0107531743, open di-vr 10.30-18.00, za 10.30-17.00, tram 7 noorderbrug, tram 4, 8 zwaanshals

⑤ Dat breien nog altijd hipper dan hip is, bewijst Saskia van Sas knits it again met haar leuke shop **Ja, Wol.** Hier vind je alles wat je nodig hebt om zelf kleding, sjaals en allerhande accessoires te maken. Naast de basics kun je er ook patronen aanschaffen en zelfs lessen in breien, haken en spinnen volgen. Een goedkope hobby is het niet; Saskia's biologische kwaliteitswol is best prijzig. Maar maak je daarvan iets moois, dan heb je ook wel een item dat járen meegaat.
zwaanshals 283-a, www.ja-wol.com, telefoon 0687520886, open wo-za 10.00-17.00, di & do 20.00-22.00 op afspraak, tram 4, 8 zwaanshals

⑥ Liefhebbers van klassieke forties- en fifties-mode kunnen hun hart ophalen bij **Lily Scarlet**, de kleine boetiek van de ras-Rotterdamse Gerda Hoornweg. Naast kleding van bekende internationale vintage-*inspired* merken en mooie accessoires, shop je er ook ontwerpen van retro-designer Gerda zelf.
zwaanshals 374, www.lilyscarlet.com, telefoon 0643469690, open wo-za 10.00-17.30, tram 4, 8 zwaanshals

⑨ **Margootje Vintage** is een van de gezelligste winkels in Rotterdam. De altijd vrolijke Margot heeft haar zaakje leuk ingericht en selecteert haar collecties met

9

23

9

27

14

11

smaak. Zowel de vintage-kleding als een groot deel van het retro-meubilair en de planten is te koop. Elke laatste zaterdag van de maand organiseert Margot bovendien een garage sale in de verborgen binnentuin achter de winkel. Hier scoor je de beste koopjes terwijl je fijn babbelt met andere vintage-liefhebbers.
zwaanshals 276-b, www.margootje-vintage.nl, open di op afspraak, wo-za 10.00-17.30, tram 4, 8 zwaanshals

(11) Vroeger was Jeroen een fanatieke thuisbakker, maar in 2015 heeft hij van zijn hobby zijn beroep gemaakt en zijn winkel **Jeroen Bakt Brood** geopend. Hij bakt wisselende soorten desembrood, steeds op basis van biologisch meel. Door de lange rijstijd en de hoge baktemperatuur worden de broden heel knapperig en vol van smaak. Naast brood verkoopt Jeroen ook wel eens zoet lekkers en 'broodaccessoires', zoals jam. Ideaal voor het ontbijt of onderweg; maar kom niet te laat, want op is op!
jacob catsstraat 41-a, www.jeroenbaktbrood.nl, telefoon 0640719209, open wo-vr 10.00-19.00, za 9.00-17.00, tram 4, 8 zwaanshals

⑭ **Daisy Kroon** is een van Rotterdams meest getalenteerde modeontwerpers en heeft haar studio aan een leuk pleintje in Noord. Daisy begint haar collecties vaak met een abstract concept of beeld, om er dan door middel van onderzoek dieper in te duiken en vervolgens tot een draagbaar eindproduct te komen. De stukken lijken op het eerste gezicht heel simpel, maar barsten van de slimme details. Haar label hangt in diverse conceptstores, maar het leukste is uiteraard om bij Daisy zelf te kijken.

1e pijnackerstraat 123-b, www.daisykroon.com, telefoon 0647198188, open wisselende tijden, di, do & vr 10.00-18.00, wo 10.00-15.00 en op afspraak, tram 4 noordsingel

⑲ Stap binnen bij **Arzu** en je belandt in de zevende chocoladehemel. Het sfeervol ingerichte zaakje wordt gerund door Emrullah en Arzu en is gespecialiseerd in zelfgemaakte chocoladerepen. Deze *foodbars* zien er prachtig uit en zijn er in uiteenlopende smaken, de een nog mooier en lekkerder dan de andere. Wat dacht je van de groene *baklavabar* of de *berlinerbar* met zoute pretzels? Ga zitten voor een proeverijtje of neem een doosje mee voor onderweg.

bergweg 209a, www.arzuthefoodbarsupplier.com, telefoon 0103020111, open di-vr 10.00-18.00, za 9.00-17.00, zo 10.00-17.00 , tram 4 van den hoonaardstraat

LEUK OM TE DOEN

② In een voormalige brandweerkazerne vlak bij de Rotte vind je **Brouwerij Noordt**. Bij deze lokale bierbrouwerij maken ze een kleine selectie speciaalbieren, waaronder een weizen, een tripel, een IPA en een lentebok. Al heel wat Rotterdamse cafés hebben hun bier inmiddels op de kaart staan, maar veel leuker is natuurlijk om het te proeven in de Noordt Tapkamer, terwijl het bierbrouwproces naast je in volle gang is.

zaagmolenkade 46, www.brouwerijnoordt.nl, telefoon 0102230566, open wo-vr 15.00-19.00, za-zo 14.00-19.00, entree gratis, bier € 3, tram 4, 8 zwaanshals

⑫ Op de hoek van de Jacob Catsstraat en het Brancoplein tref je de authentieke gevel van **Assman Herenkapper**. Al van verre ruikt de zaak naar geschiedenis – er hangt zelfs een ouderwetse kapperspaal bij de deur – en zodra je één voet over de drempel zet, weet je dat de tijd hier al zeker vijftig jaar stilstaat. Eigenaar Aad Assman heeft, op wat Sparta-ornamenten na, bewust niets veranderd aan het interieur. Hier krijg je naast een knip- of scheerbeurt ook meteen een op-en-top Rotterdamse ervaring mee.

jacob catsstraat 53b, telefoon 0104659363, tram 4, 8 benthuizerstraat

(26) **ZOHO** – genoemd naar de Zomerhofstraat – ligt tussen het Central District en het Oude Noorden en is duidelijk een wijk in ontwikkeling. In leegstaande kantoorpanden vestigen zich creatieve bedrijven, in de ruimtes onder het oude spoor komen leuke zaakjes en er zijn aan de lopende band evenementen. Een van de meest recente initiatieven is **MONO** (Vijverhofstraat 15): een bar, expo-ruimte, podium en club. Dat je er goed kunt lunchen en minstens zo fijn kunt dansen maakt MONO tot Rotterdams nieuwste place to be.

zomerhofstraat, tram 4 heer bokelweg

(29) De opleiding van het Jeugdtheater Hofplein biedt jaarlijks plek aan zo'n 3500 jongeren uit de regio. Samen maken zij verschillende voorstellingen, die ze zowel lokaal als nationaal opvoeren, waaronder een show op het Lowlands-festival. In het **Hofpleintheater** kun je – al dan niet samen met je kids – genieten van zo'n grappige, tragische of spannende voorstelling. Het bijzondere pand is een ontwerp van architect Maaskant en op de gevel prijkt een enorm kunstwerk van Karel Appel, gemaakt van gekleurd glas en beton.

benthemplein 13, www.hofpleintheater.nl, telefoon 0102435050, kijk op de website voor de agenda, prijs verschilt per voorstelling, tram 4 heer bokelweg

(30) **Station Hofplein** is al lang geen plek meer voor mensen op doorreis. De Hofbogen, zoals de boogvormige ruimtes onder de voormalige spoorlijn worden genoemd, bieden nu juist alles om er wat langer te verblijven. Er zit een aantal leuke winkeltjes, zoals North Sea Design en Misura Sartoria. Koffie drink je bij Lokaal, een biertje bij Eurotrash United en dineren doe je bij Restaurant FG en Restaurant De Jong, twee van de beste zaken in town. De afterparty vindt plaats bij jazzbar Bird.

raampoortstraat 30, www.hofbogen.nl, telefoon 0102653391, metro d, e stadhuis, tram 4 heer bokelweg

2

12

26
Zomerhofstraat

2

(34) In het **Hiphophuis** komen mensen van allerlei achtergronden samen om zich helemaal uit te leven op de dansvloer. Van hiphop en afro tot popping en vogue: het wordt hier allemaal beoefend. Doordeweeks zijn er dagelijks danslessen op instapniveau en de sfeer is altijd goed. Je kunt prima meedoen met zo'n losse les, dus neem je sneakers mee en ga ervoor! Wedden dat je een uur later met een lach op je gezicht weer buiten staat?

delftsestraat 19-a, www.hiphophuis.nl, telefoon 0104118371, kijk op de website voor lestijden, prijs losse les € 8, tram 4, 7, 8, 12, 21, 23, 24, 25 weena

(35) Zin om te dansen tot in de late uurtjes? Dan ben je bij poppodium en nachtclub **Annabel** aan het juiste adres! Regelmatig treden er grote internationale namen op en op andere dagen worden er leuke feestjes georganiseerd. Check van tevoren de website om te kijken of er tijdens je bezoek aan Rotterdam een event is dat je interessant lijkt, of laat je compleet verrassen door de programmering. Let op: bij Annabel kun je alleen met pin betalen.

schiestraat 20, www.annabel.nu, telefoon 0628289491, openingstijden verschillen per event, kijk op de website voor tijden en tickets, tram 4, 7, 8, 12, 21, 23, 24, 25 weena

(36) Is het na een lange wandeling de hoogste tijd voor een borrel en een ontspannen avond? Dan vormen **BAR** en **Biergarten** de gouden combinatie. 's Zomers strijk je neer op het zonovergoten terras van Biergarten voor een drankje en iets lekkers van de grill. Bij slecht weer – of later op de avond – is BAR de ideale hang-out voor iedereen die het urban sfeertje van Rotterdam wil ervaren. BAR serveert ook lekker eten, maar is vooral bekend van z'n themafeestjes, zoals de gay nights en de Karaokebar.

schiekade 201, barbar.nu, telefoon 0103021256, open wo 20.00-1.00, do 20.00-05.00, vr 18.00-05.00, za 20.00-5.00, prijs verschilt per event , tram 4, 7, 8, 12, 21, 23, 24, 25 weena

MAASTRICHT

JOIE DE VIVRE OM DE HOEK

CITY HIGHLIGHTS

+ SINT SERVAASBASILIEK + BONNEFANTENMUSEUM + CENTRE CÉRAMIQUE + *ZOERVLEIS* BIJ CAFÉ SJIEK + BOEKHANDEL DOMINICANEN + CAFÉ IN DEN OUDEN VOGELSTRUYS

DE STAD

Maastricht wordt vaak omschreven als een stukje buitenland in Nederland. Met zijn leuke wijken met charmante kleine straatjes, historische panden en pleinen, chique boetieks en toch ook volop hippe hotspots en culinaire verwennerijen, ademt Maastricht iets 'on-Nederlands' dat je nergens anders vindt. De combinatie van gastvrije bevolking en vele studenten laat de stad bruisen.

Het centrum van Maastricht is compact en in de binnenstad is alles prima te voet te doen. Zoek een plekje bij een van de vele cafés aan het markante **Vrijthof**, het bekendste plein van de stad, of duik een van de zijstraatjes in om tussen de echte *Mestreechtenere* te zitten. Authentiek Maastricht vind je in het chique **Stokstraatkwartier** of het charmante **Jekerkwartier**. Voor 'nieuw' Maastricht ga je naar het **Sphinxkwartier**, aan de Noordzijde van de Markt. Dit is een wijk in wording die vooral een creatief, internationaal en industrieel karakter zal krijgen. Hier worden regelmatig festivals en evenementen georganiseerd. Steek je de Hoge Brug over, dan kom je in de wijk **Céramique**. Aan het eind van de vorige eeuw hebben (inter)nationale architecten het een nieuwe dimensie gegeven. Verbreed hier je culturele horizon in het Bonnefantenmuseum en het Centre Céramique.

Maastrichtenaren zijn echte Bourgondiërs. De stad kent dan ook veel gezellige cafés en restaurants waar je uitgegebreid kunt tafelen, maar ook hippe koffie- en lunchspots. En als je van shoppen houdt, dan ben je uren zoet met de vele boetieks, ateliers van lokale ontwerpers en ambachtelijke speciaalzaken die de stad rijk is. Kortom; genoeg *plezeer* te beleven hier.

ROUTE

STOKSTRAAT, ONZE LIEVE VROUWEPLEIN & JEKERKWARTIER

OVER DE ROUTE

Deze wandeling neemt je mee door het meest historische deel van de stad. Het Stadspark aan de voet van de oude stadsmuur, het Onze Lieve Vrouweplein, het Jekerkwartier met charmante straatjes, pleinen en Franse allure en de chique Stokstraat met luxe en dure winkels. De route leidt je langs tal van gezellige eet- en drinkgelegenheden, ambachtelijke speciaalzaken en galeries.

DE WIJKEN

Vooral rondom de exclusieve Stokstraat, het gezellige Onze Lieve Vrouweplein en in het mooie Jekerkwartier proef je een authentiek stuk 'zuiden des lands'. Laat je alledaagse tempo thuis en neem de tijd om te genieten. Slenter met je lief rustig door de charmante straatjes in het Jekerkwartier, ga iets drinken in een buurtcafé of luier wat in het **Stadspark**. Het park is ook leuk voor gezinnen; om te picknicken of om herten, eenden en vogels te kijken. De bewoners van deze wijken zijn chic, artistiek en excentriek. Ze wonen bijvoorbeeld in statige panden rond de Looiersgracht, aan het Stadspark of in de straatjes rond de stadsmuur.

In het historische **Stokstraatkwartier** zijn de oudste sporen van de stad teruggevonden. Wie shopt in de chique boetieks in de Stokstraat, moet niet vergeten een goedgevulde portemonnee mee te nemen. Prada, Dolce & Gabbana, Gucci, Burberry, Dries van Noten en Miu Miu zijn hier de merken.

Hoge hakken op kinderkopjes: dat zie je op het **Onze Lieve Vrouweplein**. Hét terrassenplein ligt aan de voorzijde van de basiliek **Onze Lieve Vrouwe Sterre der Zee**. Bij het geringste zonnestraaltje vullen de vele terrassen op het plein zich en kun je er genieten van de bourgondische sfeer. Als het geen terrasweer is, zijn de cafés minstens zo gezellig om binnen wat te drinken of te lunchen. In deze sfeervolle hoek van de stad vind je ook veel eetadressen voor 's avonds.

Maastricht is een internationale studentenstad. In het Jekerkwartier voel je dat meteen. Hier zijn veel faculteiten van de **Universiteit Maastricht** gevestigd. Overal slenteren studenten tussen stad, park en collegezaal. Rond de **Sint Pieterstraat** vestigen zich steeds meer galeries en ontwerpers. De ontwerpers brengen in hun winkel/atelier achter de naaimachine hun eigen ontwerpen tot leven.

WEINIG TIJD? DIT ZIJN DE HOOGTEPUNTEN:
STOKSTRAAT + OLV-PLEIN & -BASILIEK + CAFÉ SJIEK + STADSMUUR & -PARK + DE BISSCHOPSMOLEN

TIPS

// Boordevol historische plekken en pleinen
// Leuk om op zondag te picknicken in het park
// Als je het bourgondische Maastricht wilt ontdekken

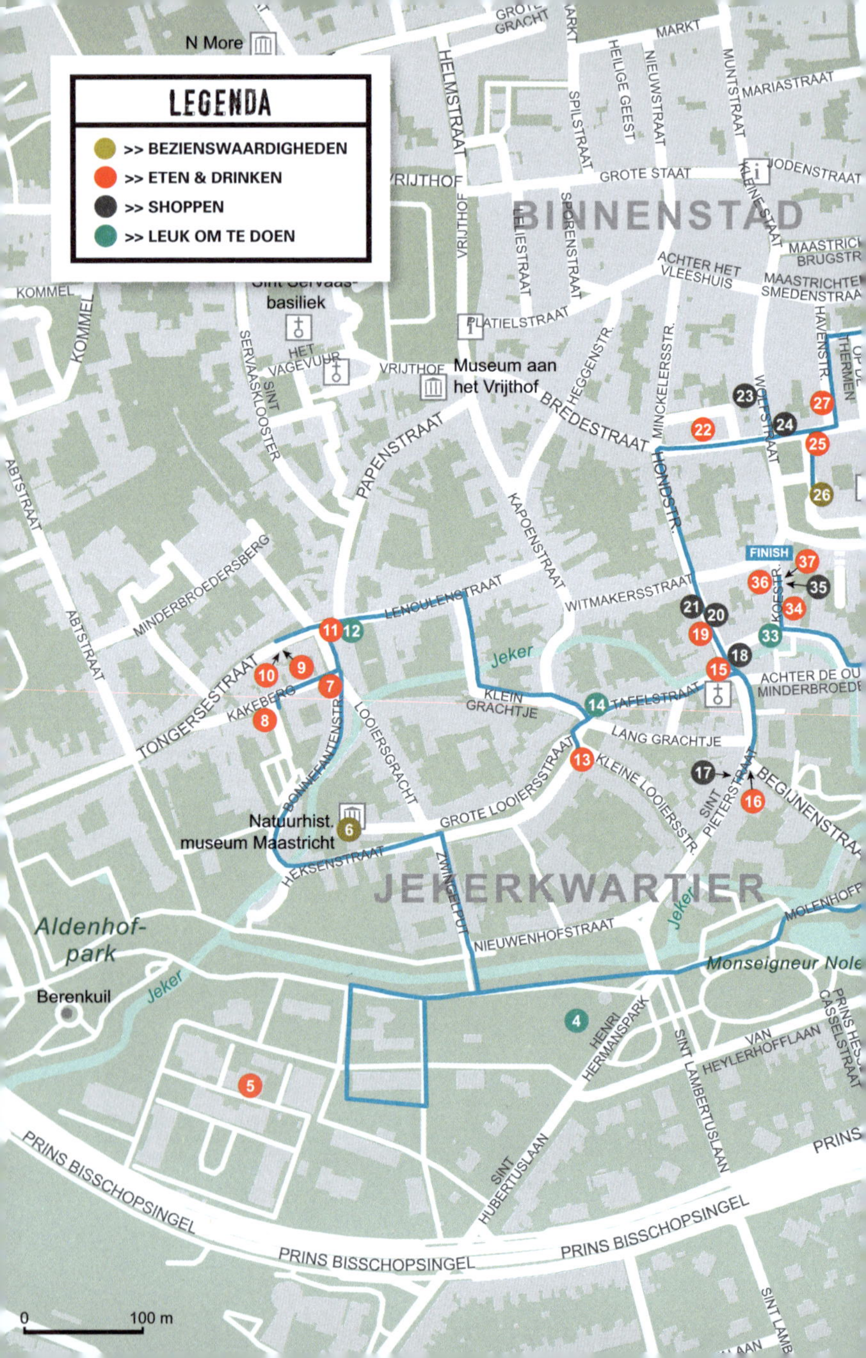

LEGENDA
>> BEZIENSWAARDIGHEDEN
>> ETEN & DRINKEN
>> SHOPPEN
>> LEUK OM TE DOEN
BINNENSTAD
JEKERKWARTIER
N More
Sint Servaas-basiliek
Museum aan het Vrijthof
Natuurhist. museum Maastricht
Aldenhof-park
Berenkuil
FINISH
Jeker
GROTE GRACHT
MARKT
HELMSTRAAT
SPILSTRAAT
HEILIGE GEEST
NIEUWSTRAAT
MUNTSTRAAT
MARIASTRAAT
VRIJTHOF
GROTE STAAT
JODENSTRAAT
KLEINE STAAT
LELIESTRAAT
SPORENSTRAAT
ACHTER HET VLEESHUIS
MAASTRICHTER BRUGSTRAAT
MAASTRICHTER SMEDENSTRAAT
PLATIELSTRAAT
KOMMEL
HET VAGEVUUR
SINT SERVAASKLOOSTER
HEGGENSTR.
MINCKELERSSTR.
HAVENSTR.
OP DE THERMEN
WOLFSTRAAT
BREDESTRAAT
PAPENSTRAAT
ABTSTRAAT
KAPOENSTRAAT
HONDSTR.
MINDERBROEDERSBERG
LENCULENSTRAAT
WITMAKERSSTRAAT
KOESTR.
TONGERSESTRAAT
KAKEBERG
BONNEFANTENSTR.
LOOIERSGRACHT
KLEIN GRACHTJE
TAFELSTRAAT
ACHTER DE OUDE MINDERBROEDERS
LANG GRACHTJE
GROTE LOOIERSSTRAAT
KLEINE LOOIERSSTR.
SINT PIETERSTRAAT
BEGIJNENSTRAAT
HEKSENSTRAAT
ZWINGELPUT
NIEUWENHOFSTRAAT
MOLENHOF
Monseigneur Nolens
HENRI HERMANSPARK
SINT LAMBERTUSLAAN
VAN HEYLERHOFFLAAN
PRINS HESSEN CASSELSTRAAT
SINT HUBERTUSLAAN
PRINS BISSCHOPSINGEL
0
100 m

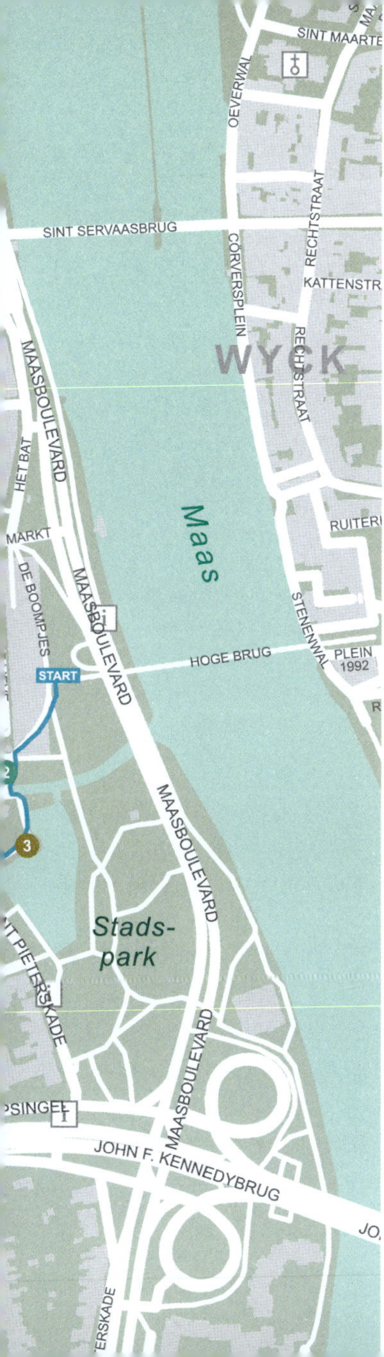

ROUTE MAASTRICHT

1. Helpoort
2. Pesthuis
3. Stadsmuur
4. Henri Hermanspark
5. Tapijn brasserie
6. Natuurhistorisch Museum Maastricht
7. Coffeelovers Universiteit
8. Van Eyck Café
9. Wijnrestaurant Mes Amis
10. Ginger
11. Café Tribunal
12. Toneelacademie
13. Stadscafé Lure
14. Kunstlokaal
15. Café Forum
16. Café Sjiek
17. Adriaan de Smaakmaker
18. Cato by Cato
19. Le Marais Deux & Koffie
20. Milan Palma
21. Lena Berens
22. La Bonbonnière
23. Maison Blanche Dael
24. Chocolate Company
25. Restaurant Derlon
26. Basiliek Onze Lieve Vrouwe Sterre der Zee
27. Restaurant Rozemarijn
28. Café In de Karkol
29. Kiki Niesten
30. Aim
31. Bloombar
32. Witloof
33. De Bisschopsmolen
34. Via Mucca
35. Teazone
36. Thaiichi
37. Eetcafé Il y a

ROUTEBESCHRIJVING (ca. 4 km)

Start in het Stadspark, bij de Hoge Brug. Loop naar de toren. Daar zie je de Helpoort 1 en het Pesthuys 2. Beklim de trap schuin aan de overkant, naar de stadsmuur 3. Volg het pad over de muur en de trappen omlaag. Wandel dan rechtdoor via het Henri Hermanspark 4 naar het terrein van de voormalige Tapijnkazerne 5. Dat is een leuke plek voor koffie of lunch. Verlaat het terrein via het bruggetje bij de hertenkamp. Ga door de opening in de stadsmuur en loop via de Zwingelput naar het De Bosquetplein. Houd links aan en loop door de Heksenstraat langs de achterkant van het Natuurhistorisch Museum 6. Wandel langs het conservatorium via de Bonnefantenstraat naar de Ezelmarkt. Breng een bezoekje aan het Studenten Servicecentrum voor koffie van Coffeelovers 7. Ga linksaf voor een bezoek aan de Jan Van Eyck Academie met een lunchcafé 8. Vervolg je weg op de Ezelmarkt. Volop leuke eetadresjes vind je in de Tongersestraat aan de linkerkant 9 10. Pauzeer bij Café Tribunal 11, aan de andere kant. Daarnaast is de Toneelacademie 12. Volg de Lenculenstraat naar beneden. Sla rechtsaf bij de Verwerhoek en ga via het Klein Grachtje naar de Grote Looiersstraat 13. Via de Tafelstraat 14 loop je naar de Sint Pieterstraat 15. Aan de rechterkant vind je winkels en eetgelegenheden 16 17. Ga terug en loop verder in de Maastrichter Heidenstraat. Las daar een shoppauze in 18 19 20 21. Loop door de Hondstraat en ga rechtsaf op de Bredestraat 22. Links in de Wolfstraat zit Maison Blanche Dael 23. Geniet van de sfeer op het Onze Lieve Vrouweplein 24 25 en steek een kaarsje aan in de basiliek 26. Loop via de Plankstraat verder naar het Stokstraatkwartier. Ga linksaf de Havenstraat in 27 en steek rechts het pleintje Op de Thermen over om uit te komen in de Stokstraat. Links zit een heel klein kroegje 28 en rechts zijn mooie winkels 29 30. Wandel de Stokstraat helemaal uit. IJsliefhebber? Stop dan even bij ijssalon Luna Rossa op de hoek. Neem een kijkje bij Bloombar 31 aan de overkant. Steek dan over naar de Sint Bernardusstraat 32 en volg die tot het eind van de voetgangerszone. Ga daar rechtsaf en meteen weer rechts via de Ridderstraat naar de Koestraat. Eindig bij De Bisschopsmolen 33, waar je zelf vlaai kunt bakken, of kies voor wijn 34, thee 35 of een maaltijd 36 37.

BEZIENSWAARDIGHEDEN

① De oudste nog bestaande stadspoort van Nederland, de **Helpoort**, is gebouwd in 1229. Nadat de poort in de 15e en 16e eeuw haar functie verloor, is het gebouw nog gebruikt als vergaderplaats van lakenarbeiders, als tuighuis, als kruitmagazijn en als woning.

sint-bernardusstraat 24b, telefoon 0433212586, open paasmaandag t/m herfstvakantie dagelijks 13.00-16.30, entree vrijwillige bijdrage

③ Je komt ze op verschillende plekken tegen in de stad: de resten van de middeleeuwse **stadsmuur**. Die herinneren aan het verleden, toen Maastricht een vestingstad was en de muur de stad beschermde tegen aanvallen van buitenaf. Op een aantal plekken in het Jekerkwartier, in en rondom het Stadspark, kun je de stadsmuur beklimmen. Wandel over de muur en geniet van het mooie uitzicht.

vijfkoppen, tegenover pesthuis

⑥ Ooit gehoord van mosasaurus Bèr? Dit reusachtige roofdierreptiel zwom zo'n 66 miljoen jaar geleden in de zee die Zuid-Limburg bedekte. Een versteend skelet van deze diersoort ligt in het **Natuurhistorisch Museum Maastricht**. Het 6 ton zware blok paste niet door de deur; daarom is Bèr in de museumtuin gezet, met een glazen huis eromheen. In het museum zijn nog veel meer vondsten te zien.

de bosquetplein 7, www.nhmmaastricht.nl, telefoon 0433505490, open di-vr 11.00-17.00, za-zo 13.00-17.00, entree € 6

㉖ De **Onze Lieve Vrouwe 'Sterre der Zee' Basiliek** ligt aan het Onze Lieve Vrouweplein. De oudste delen van de middeleeuwse kruisbasiliek dateren uit de 11e eeuw. Brand net als de Maastrichtenaren een kaarsje in de kapel. Tussen Pasen en Allerheiligen (1 november) zijn er van dinsdag tot en met zaterdag om 13.30 uur rondleidingen met een bezoek aan de schatkamer.

onze lieve vrouweplein 7, www.sterre-der-zee.nl, telefoon 0433213854, schatkamer open pasen-1 nov di-vr 13.00-16.00, za 11.00-16.00, zo 13.00-17.00, 2 nov-pasen zo 13.00-17.00, kerk: dagelijks behalve bij diensten, entree schatkamer € 3

3

ETEN & DRINKEN

⑤ Lange tijd was het terrein van de Tapijnkazerne onbereikbaar en afgesloten met een groot hek. In 2014 werd besloten het voormalige militaire terrein open te stellen en onderdeel van het Stadspark te maken. Sinds de opening van de **Tapijn brasserie**, is het een van de nieuwste hotspots van de stad, in trek bij studenten, maar ook een ontmoetingsplek voor jonge gezinnen, borrelende ondernemers en senioren. Tapijn brasserie speelt handig in op deze mix van mensen. Niet alleen met de sfeervolle manier waarop de voormalige militaire kantine is ingericht, met grote tafels en zithoeken, maar ook met een kaart die varieert van gebak tot een kindersalade en een smakelijke vis van de dag.
tapijn kazerne 20, www.tapijn.nl, telefoon 0433117588, open dagelijks 10.00-23.00, prijs vlaai € 2,80, vis van de dag € 17,50, kindermenu € 5

⑦ In het studentenservicecentrum van de Universiteit Maastricht is de succesvolle Maastrichtse formule **Coffeelovers** gevestigd, in het voormalige Bonnefantenklooster (1626-1796). Studenten, alumni en toeristen lopen in en uit voor een koffie- of lunchstop, informatie of om een universiteitsshirt te kopen. En ja, in Wijck vind je ook een filiaal van Coffeelovers, voor als je geen genoeg van deze boontjes kunt krijgen.

bonnefantenstraat 2, www.coffeelovers.nl, telefoon 0433561944, open ma-vr 8.30-17.00, prijs cappuccino € 2,50

⑧ De vele creatieve opleidingen en academies die Maastricht rijk is, stellen graag hun deuren open om bezoekers te laten zien wat er zich binnen de muren afspeelt en wat voor moois er gecreëerd wordt. Zo ook de Van Eyck Academie, instituut voor beeldende kunst. In het **Van Eyck Café** kun je op werkdagen terecht voor ontbijt en lunch. Jeffrey Kuckelkorn van Cato Catering serveert gerechten die geïnspireerd zijn op de wereldkeuken. Op donderdag kun je aanschuiven voor een diner in combinatie met presentaties. Hiervoor moet je wel reserveren.

academieplein 1, www.janvaneyck.nl, telefoon 0433503737, open ma-vr 9.00-18.00, prijs diner do € 6

⑨ Houd je van een goed glas wijn en laat je je graag verrassen door nieuwe wijnen? Vind je het leuk om meer te weten te komen over de juiste wijn bij een gerecht? Schuif dan aan in **Wijnrestaurant Mes Amis**. Eigenaresse Annaline Doelen is een vinologe met een enorme passie voor regionale wijnen. Die deelt ze maar al te graag met haar gasten. Het restaurant voelt een beetje als een gezellige huiskamer, waar je in alle rust kunt dineren en meer over wijn kunt leren. Het won dan ook een prijs als meest gastvrije onderneming van Maastricht.

tongersestraat 5, www.mesamis.nl, telefoon 0433257866, open wo-ma 12.00-14.00 & 17.00-22.00, prijs lunchmenu € 24,50, driegangenmenu (incl. wijn) € 56

⑩ Voor Aziatische smaken in een hippe atmosfeer ga je naar **Ginger**. De keuze is groot: van gefrituurde geitenkaas met zoete fruitsaus en tempuramix als voorgerechten tot saté met noodles en lam met teriyakisaus. Sluit je Aziatische belevenis verrassend af met groenethee-ijs, wittechocolademousse met kokos of een bolletje plakrijstijs.

tongersestraat 7, www.restaurantginger.nl, telefoon 0433260022, open ma-vr 12.00-23.00, za-zo 17.00-23.00, prijs € 16

(11) Bij **Café Tribunal** komt sinds jaar en dag een bijzondere mix van Maastrichtenaren, gasten van de rechtbank, studenten van de naastgelegen toneelacademie en het conservatorium en toevallige passanten. Dit is een kroeg waar de pelpinda's standaard op tafel staan en waar altijd wel iemand aan de bar zit die in is voor een gesprek of een filosofische overpeinzing. Al die sterke en minder sterke verhalen en herinneringen van stamgasten worden verzameld in het gratis eigen magazine *Journal de Tribunal*.

tongersestraat 1, www.detribunal.nl, telefoon 0433210390, open ma-za 8.00-0.00, zo 9.00-20.00, prijs spek en ei met koffie of thee € 5,50, broodje gehakt € 3,50, uiensoep € 4,50

(13) Wil je even de drukte ontglippen en bijkomen op een intiem terras? Laat dan het Vrijthof achter je en loop via de kleine straatjes naar het pleintje bij de Looiersgracht. Beschut door hoge bomen en gelegen tussen prachtige oude panden, vind je hier **Stadscafé Lure**. Dit is het enige café op dit pleintje en er hangt een rustgevende sfeer. Het is een heerlijke plek om de dag te beginnen met een ontbijt, te onderbreken voor een lunch of af te sluiten met een borrel.

grote looiersstraat 7, www.cafelure.nl, telefoon 0433211775, open zo-do 10.00-23.00, vr-za 11.00-0.00, prijs ontbijt € 11,50, broodje kaas € 5,50, hoofdgerecht € 15

(15) Naar **Café Forum** ga je voor een drankje of een eenvoudige lunch. Op de kaart van dit moderne bruine café staan soepen en belegd molenaarsbrood. 's Avonds zijn er tapas en drink je tot laat bier of wijn met de Maastrichtenaren. Regelmatig is er livemuziek.

sint-pieterstraat 4, www.cafeforum.eu, telefoon 0438519475, open zo-do 10.00-2.00, vr-za 10.00-3.00, prijs soep € 5,50

(16) Op de kaart van het kleine en oergezellige **Café Sjiek** staan typisch Maastrichtse gerechten zoals '*zoervleis met dikke friete, appelmoos en mayonaise*' en 'gebakken bloedworst van slager Fransen met appeltjes', aangevuld met bistrogerechten. Café Sjiek is een begrip, niet alleen in Maastricht. Reserveren kan niet, maar geduld wordt beloond. Het terras in het park aan de overkant is onovertroffen.

sint-pieterstraat 13, www.cafesjiek.nl, telefoon 0433210158, open ma-do 17.00-2.00, vr-zo 12.00-2.00, prijs € 16

10

7
SWEETS
COLD DRINKS
RECHARGING...

16

15
CAFÉ FORUM.
LUNCH, BORREL & DINER
SOEPEN FREE WIFI
CLUBSANDWICHES SALADES
BOTERHAMMEN FORUMBURGER
BROODJE VAN DE WEEK VEGA
WEEKSCHOTELS OMELETTEN
BORRELPLANKEN L, XL EN XXL
BITTERBALLEN KAASPLATEAU
10 VERSCHILLENDE BIEREN VAN HET VAT
SPECIAAL BIEREN OP FLES
BORRELGARNITUUR BROOD MET TAPENADES
EVERY MONDAY LIVE JAZZ
FUNKY FRIDAY'S FRESH DJ'S
BIERPROEVERIJ VERGADERZAAL
WWW.CAFEFORUM.EU
EN LIKE ONZE PAGINA OP FACEBOOK

16
Café Sjiek
Fondé en 1982
MICHELIN

13
Duvel

Late night dinner

(19) Je shopt er kleding en accessoires van de gelijknamige winkel Le Marais die nabij de Stokstraat zit, alleen dan tegen outletprijzen. Verder kun je bij de fijne conceptstore **Le Marais Deux & Koffie** terecht voor fietsen van Vive Le Velo, schoenen van Bottines en Toms, kleine kunst én koffie. Goede koffie welteverstaan, samen met carrotcake, notentaart, brownies en andere lekkernijen van Joost en Maartje. De grote tafels en gezellige zithoekjes zijn verspreid door de store en op het 'geheime' terras achter. De relaxte sfeer en de razendsnelle wifiverbinding maken van deze plek ook een ideale lees- en werkplek.

maastrichter heidenstraat 6, www.lemaraisdeux.com, telefoon 0650635579, open winkel di-za 10.00-18.00, zo 11.00-17.00, koffie di-za 8.00-18.00, zo 9.00-17.00

(22) **La Bonbonnière** is een ongedwongen locatie. De hoge plafonds en het mooie donkere houtsnijwerk geven het interieur allure. Je kunt in dit leuke voormalige theatercafé goed en betaalbaar ontbijten, lunchen en dineren, met die typische grand-cafégerechten.

achter de comedie 1, www.bonbonniere.nl, telefoon 0433500935, open di-zo 10.00-21.00, prijs € 16

(25) Naar het strakke **Restaurant Derlon** ga je overdag voor oogstrelende Belgische patisserie, een luxe sandwich of pasta met Limburgse hoen en truffelsaus. 's Avonds eet je er verfijnde seizoensgerechten als wildzwijnrollade met herfstsalade en notenparfait met portvijgen. Het terras is op het Onze Lieve Vrouweplein. In de kelder zit een champagnebar, waar je terechtkunt voor een goed glas wijn of bubbels met borrelhapjes als regionale kazen, vishapjes en kiploempia's.

onze lieve vrouweplein 6, www.derlon.com/restaurant, telefoon 0433216770, open dagelijks vanaf 11.00, prijs luxe sandwich € 0,50, driegangenmenu € 32,50

(27) Bij **Restaurant Rozemarijn** geniet je van een verwenavond met producten van de beste kwaliteit. Denk aan Livar-spek, Simmental-rund en komijnekaas uit Aagtekerke. Je kunt er ook lunchen. Vanuit het restaurant kijk je door de glazen serre aan de achterzijde uit op een Romeins thermenpleintje. Hier is ook het terras.

havenstraat 19, www.restaurant-rozemarijn.nl, telefoon 0434506505, open ma-za 12.00-14.00 & 18.30-21.30, prijs viergangenmenu € 45

(28) **Café In de Karkol** is een van de kleinste cafés van Nederland, slechts 37 m^2. Het zit vaak vol met Maastrichtse stamgasten. Ze kijken soms even raar op als er een 'vreemde' binnenkomt, maar als je een biertje meedrinkt en gewoon leuk meezingt met de vaak Maastrichtse muziek, word je opgenomen in hun midden. Het café staat bekend om de vele wijn- en biersoorten.
stokstraat 5, www.indekarkol.nl, telefoon 0433217035, open ma-wo 12.00-0.00, do-zo 12.00-2.00, prijs wijn € 3,40

(32) Het interieur en de 'toffe' bediening maken het Belgische restaurant **Witloof** 'zeker en vast' een 'plezant' adres. Op de kaart staan gerechten als *choucroutekroketten mè spekskes* (zuurkool), brochettes van varkenshaas en mosselen op z'n Oostends. Natuurlijk *mè verse fritjes & groentjes*. De rijke chocoladecultuur van onze zuiderburen ontbreekt niet voor toe.
sint-bernardusstraat 12, www.witloof.nl, telefoon 0433233538, open wo-do 17.30-21.30, vr-za 17.00-22.00, zo 17.00-21.30, prijs driegangenmenu € 29,50

(34) Het Jekerkwartier wordt wel vergeleken met Quartier Latin in Parijs. Een wijnbar ontbreekt hier dan ook niet. Of je nu gewoon wilt borrelen, een aperitief drinken of de avond gezellig afsluiten; bij wijnbar **Via Mucca** hebben ze voor elke gelegenheid de juiste wijn.
koestraat 17a, www.viamucca.nl, telefoon 0438521455, open wo-do 16.00-1.00, vr 16.00-2.00, za 15.00-2.00, zo 15.00-1.00, prijs wijn vanaf € 3,85

(36) **Thaiichi** is een goed sushi-adres: verser dan vers met een geweldige keuze. Hetzelfde geldt voor de Thaise gerechten. Iedere woensdagavond is het *sushi night*: kies voor € 17,50 een menu, mét starter en soep.
koestraat 8, www.thaiichi.nl, telefoon 0433216028, open di-zo 17.00-22.00, prijs sushi vanaf € 3,90, hoofdgerecht € 14

(37) Of zijn kleine zaak nu bomvol zit of niet, eigenaar Ilya loopt vrijwel altijd te zingen – bij voorkeur Franse chansons – en helpt je ontspannen aan een plekje. De voornamelijk Franse kaart, de goede wijn, het knusse interieur en als locatie de idyllische Koestraat, maken **Eetcafé Il y a** simpelweg af.
koestraat 7, www.eetcafeilya.nl, telefoon 0433250777, open ma-vr vanaf 17.00, za-zo vanaf 12.30, prijs € 19,50

SHOPPEN

⑰ De kleine winkel **Adriaan de Smaakmaker** staat tot de nok toe vol met potjes met chutney, jam en mosterd. Alle producten maken de eigenaars zelf in de grote ketel achter in de winkel. Proef ter plekke of reserveer voor een proeverij van twintig minuten.

sint-pieterstraat 36, www.adriaandesmaakmaker.nl, telefoon 0433258865, open di-vr 10.00-18.00, za 10.00-17.00, prijs proeverij vanaf € 4

⑩ **Cato by Cato** is een delicatessenwinkel en cateringservice. Je kunt er terecht voor biologische limonade, een fles wijn, tapas, hummus, een belegde boterham en nog veel meer lekkers om je picknickmand te vullen voordat je het park in wandelt. Cato catering verzorgt ook het eten voor het café van de Jan van Eyck Academie.

stenenbrug 9a, www.catocatering.nl, telefoon 0433216532, open di-vr 11.00-19.00, za 10.00-19.00, zo 12.00-19.00

(20) Designer **Milan Palma** startte in 2014 zijn eigen label. De leren tassen en accessoires maakt en ontwerpt hij zelf in zijn atelier, dat tegelijkertijd ook zijn winkel is. Geen massaproductie, maar slechts twee à drie dezelfde designs: precies het aantal dat je ongeveer uit één huid kunt halen. Milans tassen zijn stijlvol, tijdloos en nu al klassiekers.
maastrichter heidenstraat 3a, www.milan-palma.com, open wo-zo 11.00-18.00

(21) In Maastricht zit een modeacademie en sommige ontwerpers blijven na hun afstuderen en zetten hun eigen label op. **Lena Berens** is zo iemand. Haar kleding is inmiddels op een aantal plekken verkrijgbaar, maar haar atelier is nog steeds in Maastricht. Haar collecties zijn te omschrijven als no-nonsense, comfortabel en casual. Ze heeft mooie basisstukken waarmee je alle kanten op kunt. Favoriet zijn de jersey stretchrokken en tops die je zowel casual als chic kunt dragen.
maastrichter heidenstraat 2, www.lenaberens.com, open wo-za 11.00-18.00

(23) De beste koffie koop je bij **Maison Blanche Dael**. In de kleine, nostalgische winkel lijkt de tijd te hebben stilgestaan. Nog steeds worden de zorgvuldig geselecteerde bonen in eigen huis gebrand. *Mestreechse mix* is favoriet. Ook liefhebbers van thee en gebrande pinda's weten de weg te vinden. In diverse wijken in de stad kun je de koffie en thee proeven in de eigen espressobars Coffeelovers.
wolfstraat 28, www.blanchedael.nl, telefoon 0433213475, open ma 13.00-18.00, di-vr 9.30-18.00, do tot 21.00, za 9.30-17.30, zo 12.00-17.00

(24) Verwennerij is een understatement als je de bonbons van **Chocolate Company** proeft. Heel spannend zijn de kruidenbonbons, buitengewoon de vullingen met verse munt en groene thee, citroengras, wasabi en zout en peper. Grote trots is de hotchocspoon: chocolade aan een houten lepel, die je laat smelten in een beker warme melk. Behalve inslaan voor thuis, kun je in het moderne houten interieur ook genieten van al het lekkers.
onze lieve vrouweplein 2, www.chocolatecompany.nl, telefoon 0433218531, open ma 13.00-18.00, di-za 10.00-18.00, zo 11.30-18.00

(29) In de exclusieve Stokstraat heeft de Maastrichtse **Kiki Niesten** haar gelijknamige zaak met labels als Prada, Jil Sander en Dries van Noten. Bij Kiki2

aan de overzijde krijg je zeker 'meer voor minder'. Er zijn regelmatig bijzondere aanbieden
stokstraat 28-32, www.kikiniesten.nl, telefoon 0433216432, open di-vr 10.00-18.00, za 10.00-17.00, zo 12.00-17.00

(30) De mooie items van merken als Marc by Marc Jacobs en See by Chloé komen optimaal tot hun recht in het strakke, witte interieur van **Aim**. Dit is de winkel van Aimée Coumans, die dezelfde naam draagt als het naastgelegen pand aan Het Bat. Daar vind je de grootste collectie Patrizia Pepe van de Benelux.
stokstraat 59, www.aim-maastricht.nl, telefoon 0433260052, open di-vr 10.30-18.00, za 10.00-17.00, zo 12.00-17.00

(31) Bloemensalon Frissen Pieters verhuisde onlangs de bloemen van de Stokstraat naar de Graanmarkt en opende daar **Bloombar**. Wandel langs het speciaal ontworpen bloemperk in de muur, waar je de bloemen kunt 'plukken'. De bloemen worden per stuk verkocht, zodat je een mooi boeket kunt laten maken. De winkel in de Stokstraat bestaat ook nog. Daar kun je terecht voor vazen, potten en andere accessoires.
graanmarkt 2, www.frissenpieters.nl, telefoon 0433212277, open di-vr 9.30-17.30, za 10.00-17.00

(35) 'Teazone, the world in a cup!' is het motto van deze winkel annex tearoom. Je vindt er onder meer Marokkaans glaswerk, kasten met houtsnijwerk uit India, Italiaanse kroonluchters van Murano-glas, theepotjes van Tibetaans zilver en Frans porselein. Ook kun je er terecht voor meubels en woonartikelen van over de hele wereld. Bovendien biedt **Teazone** een groot assortiment koffie- en theesoorten. Die kun je kopen voor thuis of proeven aan een van de tafeltjes.
koestraat 9, www.teazone.nl, telefoon 0433113246, open di-za 11.00-18.00, zo 12.00-18.00

LEUK OM TE DOEN

(2) Het **Pesthuis** ligt net buiten de stadsmuur, tegenover de Helpoort. Vlak bij het gebouw stonden vroeger weliswaar barakken voor pestlijders, maar de oude

18e-eeuwse watermolen diende als papiermolen. Momenteel exploiteert Pesthuys Podium het Pesthuis als theater voor met name lokale toneelgezelschappen. Kijk op de website voor de agenda.
vijfkoppen 1, www.pesthuyspodium.nl, telefoon 0433252912, zie website voor tijden en prijzen

(4) Wandel door het **Henri Hermanspark** en geniet van de mooie natuur. Het hertenkamp, de eenden in de Jeker en enkele speeltoestellen maken het park leuk voor kinderen. Studenten strijken er in de zomer neer om te studeren of te picknicken.
henri hermanspark

(12) Halina Reijn, Fedja van Huêt, Sylvia Hoeks en Peggy Vrijens, om er maar eens een paar te noemen. Niet de minste acteurs en actrices zijn hun succesvolle carrière gestart na het volgen van de **Toneelacademie** in Maastricht. Als je van theater houdt, bezoek dan vooral een voorstelling en zie de talenten spelen voordat ze op het witte doek of de grote podia te bewonderen zijn. De

4
Laze in the park

33

voorstellingen zijn vaak gratis te bezoeken, maar reserveren is wel gewenst. Kijk op de website voor het programma.

lenculenstraat 31-33, www.toneelacademie.nl, telefoon 0433466690

(14) Eten, slapen, kunst kijken (en kopen) ineen. De voormalige Galerie Dis veranderde een tijdje geleden het concept. In plaats van het tonen van werk van gerenommeerde kunstenaars, stellen de eigenaars het mooie pand met binnentuin nu beschikbaar voor aanstormend talent. En tussen de telkens wisselende exposities in het **Kunstlokaal** kun je heerlijk en in alle rust koffiedrinken, (licht) lunchen en taart eten. De galerie was al een hotel en dat is het nog steeds.

tafelstraat 28, www.kunstlokaalmaastricht.nl, telefoon 0433215479, open do-za 13.00-18.00, prijs broodje, salade of taart € 6,50

(33) Sinds 2004 is **De Bisschopsmolen** weer in gebruik voor het malen van het oergraan spelt. Kijk hier zelf hoe spelt vermalen wordt. De watermolen heeft een eigen bakkerij, waar broden en vlaaien uit de stenen vloeroven komen. In de gelagkamer kun je genieten van speltvlaai of een lunch met lekkernijen uit de streek. Tijdens een workshop bak je je eigen speltvlaai (vanaf zes personen, vooraf reserveren). Er zijn ook rondleidingen.

stenenbrug 1-3, www.bisschopsmolen.nl, telefoon 0433270613, open di-za 9.30-18.00, zo 11.00-17.00, entree gratis, workshop € 29,95

BRUSSEL

METROPOOL MET VEEL GEZICHTEN

CITY HIGHLIGHTS

+ SINT-HUBERTUSGALERIJEN + BOZAR + JOSAPHATPARK + ROMMELMARKT OP VOSSENPLEIN + ANCIENNE BELGIQUE

DE STAD

Brussel, de hoofdstad van België en Europa. Een mengelmoes van culturen, talen, gastronomie en kunst. De stad van bekende trekpleisters, zoals de Grote Markt, Manneken Pis en het Magritte Museum. Droombestemming voor liefhebbers van art nouveau en Belgische bieren.

Brusselaars spreken graag buitenshuis af: in restaurants, in een van de vele *art house cinema's*, op de markt of in een bruine kroeg. De stad is doordrenkt met geschiedenis en verhalen, iets wat zich vertaalt in de liefde voor antiek, vintage en tweedehands. Brusselaars zijn creatief, met mode, interieur en alledaagse oplossingen. Ook om zich verstaanbaar te maken improviseren ze, want de hoeveelheid verschillende talen die hier gesproken wordt is de hoogste ter wereld.

Trek enkele dagen uit voor je bezoek. Dan heb je genoeg tijd om de volkse **Marollenwijk**, het exotische **Matongé** en de fantastische museumbuurt te ontdekken. Muziekliefhebbers leven zich uit in concertzalen, zoals Botanique en Ancienne Belgique, en fashionista's trekken naar de **Dansaertstraat** en **Vlaamse Steenweg**. Ook kunstentempel BOZAR en de Sint-Hubertusgalerijen zijn de moeite waard.

Brussel is een stad vol verrassingen, soms moeilijk te vinden, vaak simpelweg verstopt achter een hoek. Wie een echte Brussel-ervaring wil, trekt er te voet op uit en verlaat de platgetreden paden. Vergeet niet een lokaal biertje te proeven en een frietje of Brusselse wafel te eten. Het zijn de simpele dingen waarvan men hier van houdt.

ROUTE

ELSENE

OVER DE ROUTE

Wanneer je deze wandeling loopt, zie je verschillende gezichten van de gemeente Elsene. Wie graag winkelt komt in het begin van de route aan zijn trekken. Kinderen kunnen zich halverwege opperbest vermaken in het Ter Kamerenbos en in het levendige Kindermuseum. Tegen het einde van de dag kom je vooral een heleboel leuke restaurants en cafés tegen.

DE WIJKEN

De gemeente Elsene heeft een rijke culturele traditie. Al in het begin van de 20e eeuw was het bon ton om hier te vertoeven. Een aantal pareltjes van art-nouveaugrootmeesters Victor Horta en Paul Hankar zijn hier te vinden, zoals aan de **Defacqzstraat 50 en 71**. Het overgrote deel van de prachtige panden is in privébezit, maar het schitterende **Hortamuseum** maakt veel goed.

Elsene valt uiteen in twee delen, die aan weerszijden van de chique **Louizalaan** liggen. Ten westen vind je Châtelain, genoemd naar het Kasteleinsplein. Ten oosten ligt een groter stadsdeel, met onder meer de **Flageywijk**, naar het gelijknamige art-decogebouw dat het centrale plein domineert. De beide buurten hebben veel gemeen: zo zijn het beiden een soort centra buiten het stadshart, waar mensen met plezier wonen, werken, winkelen en eten. Op en rond het **Flageyplein** hoor je hier en daar wat mensen Vlaams spreken, dankzij de hippe cultuurtempel die het **Flageygebouw** is geworden. De wijk kent, binnen de gemengde bevolking, een relatief grote Japanse en Portugese gemeenschap. De buurt rond het **Kasteleinsplein** wordt juist vooral bevolkt door een Franstalig publiek.

Het zijn twee mooie en levendige buurten, afgeschermd van de hectiek van het toeristische centrum. Beiden zijn erg in trek bij jonge Europeanen, al zijn de huizen rond de **vijvers van Elsene** maar voor een handjevol welgestelde geluksvogels weggelegd. Daar begint een chique groenzone die zich via het **Abdijpark** uitstrekt tot aan het **Ter Kamerenbos**. Aan de rand van het bos huist de deftige diplomatie, naast de twee universiteiten van de stad. Aan de andere kant daarvan ligt het **Quartier Latin**, een studentenwijk waar vooral copyshops, cafés en betaalbare restaurants te vinden zijn.

WEINIG TIJD? DIT ZIJN DE HOOGTEPUNTEN:
+ HORTAMUSEUM + KOKUBAN + PEINTURE FRAÎCHE + FLAGEY + ABDIJ TER KAMEREN

TIPS

// Ontdek een andere kant van Brussel
// Doe het tweede deel van de wandeling op de fiets
// Op woensdag is het marktdag op het Kasteleinsplein

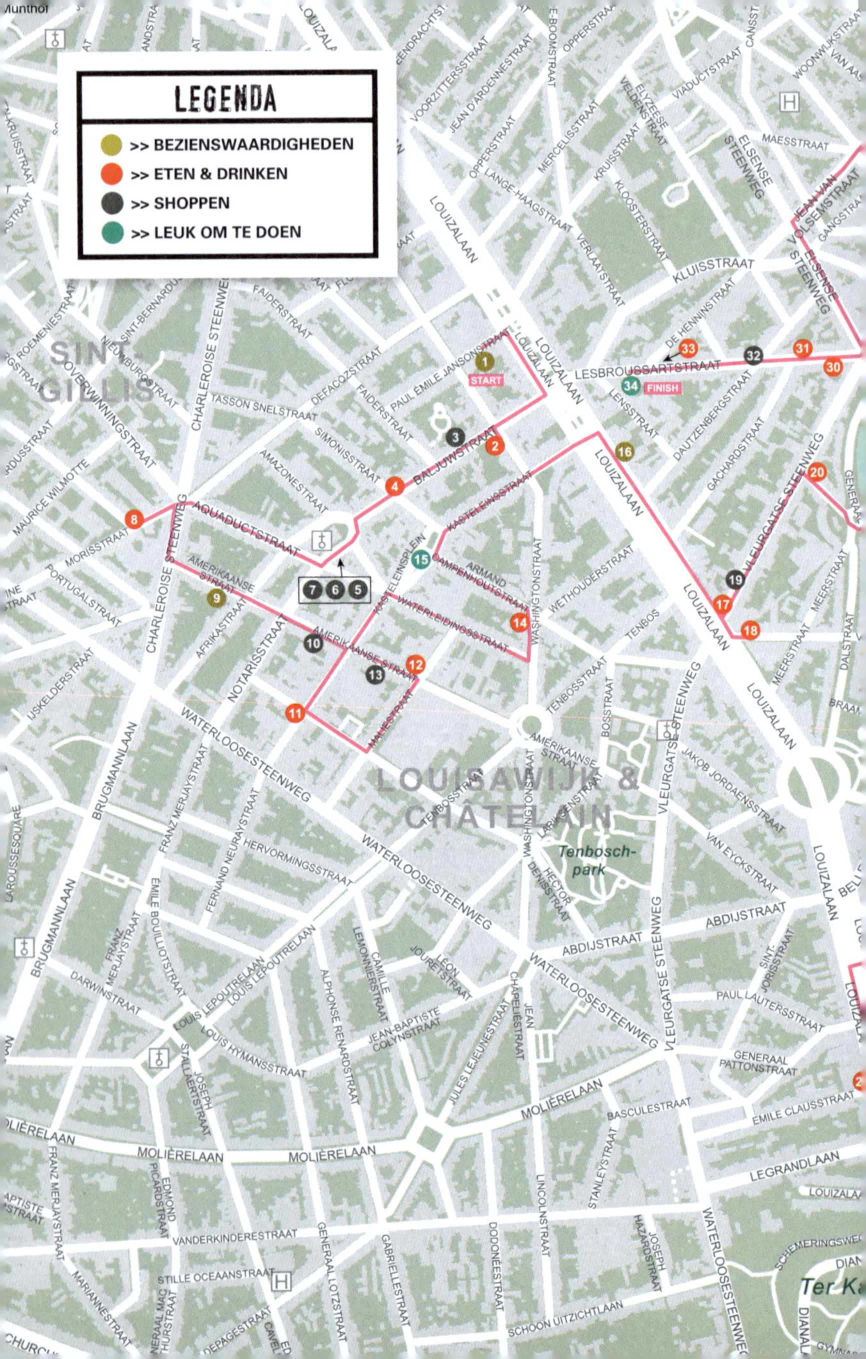

LEGENDA
>> BEZIENSWAARDIGHEDEN
>> ETEN & DRINKEN
>> SHOPPEN
>> LEUK OM TE DOEN
SINT-GILLIS
LOUISAWIJK & CHÂTELAIN
Tenbosch-park
START
FINISH
LOUIZALAAN
LESBROUSSARTSTRAAT
KLUISSTRAAT
ELSENSE STEENWEG
JEAN VAN VOLSEMSTRAAT
VLEURGATSE STEENWEG
BALJUWSTRAAT
KASTELEINSSTRAAT
KASTELEINSPLEIN
ARMAND CAMPENHOUTSTRAAT
WATERLEIDINGSSTRAAT
AMERIKAANSE STRAAT
MALIESTRAAT
AQUADUCTSTRAAT
CHARLEROISE STEENWEG
WATERLOOSESTEENWEG
WASHINGTONSTRAAT
ABDIJSTRAAT
MOLIÈRELAAN
VANDERKINDERESTRAAT
LEGRANDLAAN
BRUGMANNLAAN
DEFACQZSTRAAT
FAIDERSTRAAT
PAUL EMILE JANSONSTRAAT
TENBOSSTRAAT
JAKOB JORDAENSSTRAAT
VAN EYCKSTRAAT
HERVORMINGSSTRAAT
NOTARISSTRAAT
MORISSTRAAT
PORTUGALSTRAAT
AFRIKASTRAAT
TASSON SNELSTRAAT
SIMONISSTRAAT
AMAZONESTRAAT
DAUTZENBERGSTRAAT
GACHARDSTRAAT
LENSSTRAAT
MEERSTRAAT
DALSTRAAT
WETHOUDERSSTRAAT
Ter Ka

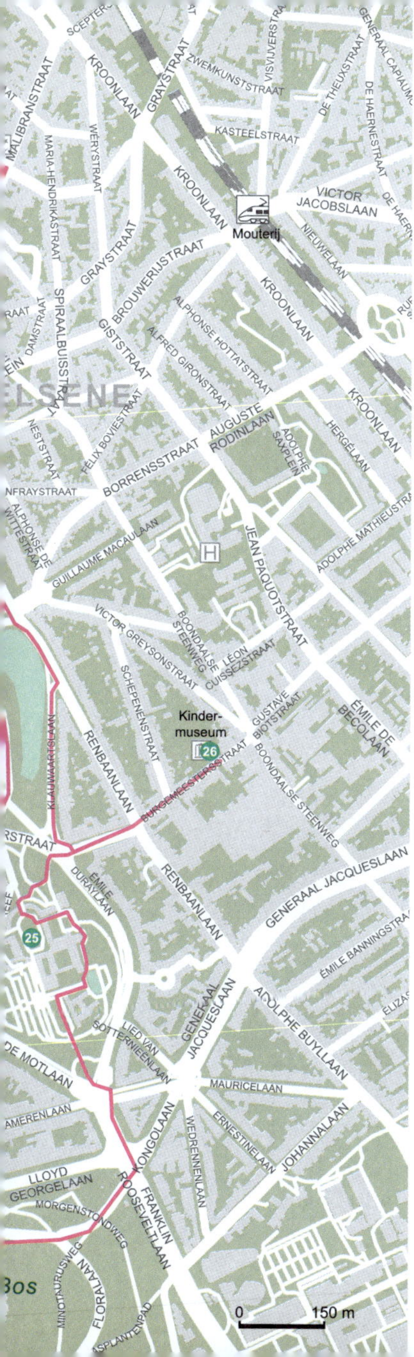

ROUTE BRUSSEL

1. Hôtel Tassel
2. Knees to Chin
3. La Septième Tasse
4. Supra Bailly
5. Peinture Fraîche
6. Boucle d'Or
7. Rose
8. La Belladone
9. Hortamuseum
10. Le Typographe
11. Les Fils à Maman
12. La Fabrique
13. Spullenhulp
14. Tarzan
15. Biologische Markt Kasteleinsplein
16. Hôtel Solvay
17. Atelier de la Truffe Noire
18. Kokuban
19. Tagawa
20. Delecta
21. La Meilleure Jeunesse
22. Galerie Diito
23. Café de la Presse
24. Ter Kamerenbos
25. Abdij Ter Kameren
26. Kindermuseum
27. Café Belga
28. Flageyplein
29. Museum van Elsene
30. Les Super Filles du Tram
31. AMI
32. Reservoir Shop
33. Le Petit Canon
34. C.ramic Art Café

ROUTEBESCHRIJVING (ca. 9,7 km)

Architectuurliefhebbers beginnen bij Hôtel Tassel 1. Loop tweemaal rechtsaf naar de Baljuwstraat, en eet wat 2 4 of ga shoppen 3. Ga links rond de kerk voor meer winkels 5 6 7. Steek op het eind van de Waterleidingsstraat schuin links over voor een Oost-Europees drankje 8. Keer terug, ga rechts en meteen links naar het Hortamuseum 9 in de Amerikastraat; een must! Loop verder langs Le Typographe 10, voordat je rechts de Edelknaapstraat inslaat. Ga linksaf voor een nostalgisch restaurant 11 en vervolgens weer linksaf voor een lekkere brunch 12 en een enorme tweedehandswinkel 13. Geniet van een wijntje en kleine gerechten bij 14 of ga rechtsaf naar de markt op het Kasteleinsplein 15. Loop tot de brede Louizalaan, steek over en ga rechtsaf. Je komt langs Hôtel Solvay 16. Loop verder en trakteer jezelf bij La Truffe Noire 17 of bij Kokuban 18. Ga terug, meteen rechts de hoek om en je stuit op meer Japanse zaakjes 19. Loop de heuvel af door de Vleurgatsesteenweg en ga rechtsaf de Lannoystraat in voor een oppepper met wraps 20. Flaneer rechts langs de vijvers en sla aan het einde rechts de Dageraadstraat in 21 22. Steek weer de Louizalaan over, ga linksaf en duik Café de la Presse 23 in voor koffie met taart voordat je het Ter Kamerenbos 24 in wandelt. Neem de uitgang aan de Franklin Rooseveltlaan, loop een stukje linksaf en loop dan het park van de Abdij ter Kameren 25 in. Verlaat het park aan de andere zijde en loop eventueel rechts de Geo Bernierlaan in voor het Kindermuseum 26. Of ga rechtdoor langs de vijvers van Elsene en pauzeer bij Café Belga 27 op het Flageyplein 28. Kunstminnaars lopen door naar de Malibranstraat, linksaf de Maesstraat in en dan rechtstaf voor het Museum van Elsene 29. Loop terug door de Jean van Volsemstraat, linksaf door de Elsensesteenweg en weer naar het Flageyplein. Vind je daar niets van je gading, sla dan rechtsaf voor een hamburger 30, een vegetarisch gerecht 31 of een wijntje 33. Tussendoor kun je even binnenlopen bij Reservoir Shop 32. Creatievelingen boeken een workshop bij het C.ramic Art Café 34.

MÅSALTO
Speculoos
5,20-
CARLIER

BEZIENSWAARDIGHEDEN

(1) **Hôtel Tassel**, gebouwd in 1893 naar het ontwerp van Victor Horta, wordt beschouwd als het eerste art-nouveaugebouw ter wereld. Zowel het ruimtelijk ontwerp als het zichtbaar gebruik van staal en de terugkerende golvende lijnen waren erg vernieuwend. Het prachtige pand is helaas niet open voor publiek, maar ook de gevel, met het spel van elegante ijzer-constructies tegenover massieve steenvlakken, is de moeite waard.

paul-emile jansonstraat 6, niet geopend voor publiek, tram 93, 94 halte defacqz

(9) Het **Hortamuseum** bevindt zich in het huis en atelier dat architect Victor Horta voor zichzelf bouwde in 1899. Vooral het ruimteconcept van het huis was baanbrekend: alle kamers komen uit op het met een glazen lichtkoepel bekroonde trappenhuis. Daardoor kan het daglicht tot in het binnenste van het gebouw doordringen. Let op het subtiele materiaalgebruik en de art-nouveau-details, alles door de meester zelf ontworpen.

amerikaansestraat 23-25, www.hortamuseum.be, telefoon 025430490, open di-zo 14.00-17.30, entree € 10, tram 81 of 97 halte janson

(16) Victor Horta kreeg creatief én financieel carte blanche voor de bouw van het huis van de rijke industrieel Ernest Solvay. **Hôtel Solvay**, volgens velen het mooiste art-nouveau-pand van Horta, is helaas niet zomaar te bezoeken. Het transparante, sierlijke smeedijzer en de gesloten golvende partij natuursteen in de voorgevel zijn in perfect evenwicht.

louizalaan 224, www.hotelsolvay.be, telefoon 026405645, open bezoek voor groepen mogelijk op aanvraag, tram 93, 94 halte baljuw

(29) Het kleine **Museum van Elsene** werd al in 1892 geopend en heeft een mooie collectie moderne kunst. Er is veel werk van Belgische kunstenaars zoals Magritte, Rik Wouters en Delvaux, maar ook affiches van de Franse kunstenaar Toulouse-Lautrec. De circusartiest van Félicien Rops is een van de pronkstukken van het museum.

jean van volsemstraat 71, www.museumvanelsene.be, telefoon 025156421, open di-zo 9.30-17.00, entree € 8, metro naamsepoort

25

ETEN & DRINKEN

② Verwacht geen gefrituurde loempia's bij **Knees to Chin**; hier kom je voor verse *rice paper rolls*. De naam van de zaak refereert aan de gehurkte houding waarin deze lekkernij in Vietnam op straat gegeten wordt. Er staan telkens zes verschillende *rolls* op het menu, variërend met de seizoenen.

livornostraat 125, www.kneestochin.com, telefoon 026441811, open ma-vr 11.30-21.30, za 11.30-18.00, prijs roll € 3,80, tram 81, 93, 94 halte baljuw

④ Je zou het op het eerste zicht niet zeggen, maar **Supra Bailly** is het hipste en tegelijkertijd meest authentieke café in de Baljuwstraat. Hier zitten oude knarren die er al van kinds af aan komen, maar ook de jonge gasten uit de buurt. Bestel balletjes met *sauce lapin* en bewonder het decennia oude interieur met de mooie fresco's.

baljuwstraat 77, fb: supra bailly, telefoon 025340901, open dagelijks 9.00-5.00, prijs € 10, tram 81, 93, 94 halte baljuw

⑧ Volgens de Roemenen zou de plant Belladone over magische krachten beschikken. Ook het Oost-Europese café **La Belladone** in Elsene probeert je te betoveren. Hier doen ze dat met gezelligheid! Naast Belgische bieren staat er ook een hele rits Oost-Europese dranken op de kaart: Russische *nastoïki* of Hongaarse *pál inka*. Het 19e eeuwse interieur is een goed decor voor de artistieke evenementen die hier op regelmatige basis georganiseerd worden.

morisstraat 17a, www.labelladone.com, telefoon 025371606, open ma-za 18.00-laat, prijs € 3, tram 92, 97 halte janson

⑪ Het is een en al jeugdsentiment wat de klok slaat bij **Les Fils à Maman**. Aan de muren een gigantische collage met zo'n beetje alles wat je je uit die goede oude tijd kunt herinneren, van Pac-Man tot The A-team. Op het menu staan simpele gerechten zoals een echte 'maman' die zou klaarmaken, zoals verse rundertartaar of een stevige entrecôte. Wat denk je van een crème brulée met Carambar, een retro snoepmerk?

fourmoisstraat 29, www.lesfilsamaman.be, telefoon 025345626, open ma-vr 12.00-14.30 & 19.00-23.00, za 19.00-23.00, zo 12.00-14.30, prijs € 17, tram 81 halte drievuldigheid

⑫ Of je nu naar **La Fabrique** gaat voor het uitgebreide ontbijt, de lichte lunch of het brunchbuffet in het weekend: je kunt er zeker van zijn dat alle ingrediënten vers, seizoensgebonden en van goede kwaliteit zijn. Geniet, maar hou een plaatsje vrij voor de huisgemaakte appeltaart! Ook vegetariërs en veganisten zijn hier aan het goede adres.
amerikaansestraat 122, fb: resto la fabrique, telefoon 025375636, open di-vr 08.30-17.00, za-zo 11.00-16.00, prijs € 13, tram 81 halte drievuldigheid

⑭ In een stijlvol interieur geniet je bij **Tarzan** van natuurwijnen en kleine gerechtjes met een groene toets. Denk aan producten zoals bieten, rammenas, cashewnoten en dragon. Naast groenten staat er ook kwaliteitsvol vlees op het menu, maar de hoofdrolspeler blijft natuurlijk de wijn. Het tegelwerk doet denken aan een slagerij, wat geen toeval is want eens huisde er een in dit pand.
washingtonstraat 59, telefoon 02538 65 80, open ma-vrij 17.00-23.00, za 15.00-23.00, zo 15.00-22.00 , prijs € 30, tram 93, 94 halte vleurgat

⑰ **Atelier de la Truffe Noire** heeft een uiteenlopend aanbod aan lekkers, van simpele sandwiches tot foie gras. Zoals de naam van het etablissement al doet vermoeden, zijn de truffels hier de specialiteit van het huis. De Italiaanse chef Luigi Cicieriello, die eveneens het chiquere La Truffe Noire uitbaat, biedt in het Atelier een minder prijzige kaart aan zijn klanten, die overigens niet minder smakelijk is. Je kunt hier ook terecht voor een goed ontbijt.
louizalaan 300, www.atelier.truffenoire.com, telefoon 026405455, open ma-za 12.00-14.30, di-za 19.00-22.00, prijs € 25, tram 93, 94 halte vleurgat

⑱ **Kokuban** leert je een andere Japanse keuken kennen, waar de gerechten voor de verandering niet rauw gegeten worden. Laat de *ramen* (noedels) en *gyoza* (gebakken ravioli) je heerlijk smaken in het sfeervolle interieur met zwarte muren en grote houten tafels.
vilain xiii-straat 53-55, www.kokuban.be, telefoon 026110622, open ma-za 12.00-14.00 & 19.00-22.00, prijs € 14, tram 93, 94 halte vleurgat

⑳ In bistrorestaurant **Delecta** hangt nog steeds de gezellige sfeer van het buurtwinkeltje dat het ooit was. Nu zit je hier met locals rond de kachel met een wijntje. Na het aperitief kun je je tegoed doen aan burgers, wraps of pasta. Zin

Lunch all afternoon

27

20

20

27

in iets lichters? Zelf een salade samenstellen kan ook. Op donderdag wordt het weekend al ingeluid en komen dj's de boel opwarmen.
lannoystraat 2, www.le-delecta.be, telefoon 026441949, open ma-za 11.00-0.00, zo 10.00-22.00, prijs € 15 , tram 81 halte flagey, 93, 94 halte vleurgat

(21) **La Meilleure Jeunesse** betekent letterlijk 'de beste jeugd'. Het nostalgisch ingerichte restaurant heeft ook een mooi terras en serveert naast internationale gerechten als Libanese taboulé of Italiaanse risotto, *osso bucco* en cannelloni, ook de Frans-Belgische cuisine. Denk aan *filet de boeuf* of *tartare de boeuf* begeleid door frieten en een Cocotte-pannetje met vergeten groenten. Sluit af met een exclusief klinkend, want in het Frans, dessert als *parfait glacé au speculoos poires au sirop de Liège*.
dageraadstraat 58, www.lameilleurejeunesse.be, telefoon 026402394, open dagelijks 12.00-15.00 & 19.00-0.00, prijs lunch € 10, diner € 20, tram 93, 94 halte abdij

(23) In **Café de la Presse** vindt iedereen iets van zijn gading. Studenten houden van de gratis wifi bij de koffie, kinderen zijn zoet met de gezelschapsspelletjes en zakenlui komen voor de ruime keuze aan kranten bij de lunch. Er zijn onder meer bagels, soepen, pasta en broodjes en om 16.00 uur is het tijd voor de huisgemaakte taarten!
louizalaan 493, www.cafedelapresse.be, telefoon 026444803, open ma-vr 7.30-19.00, za-zo 8.30-19.00, prijs lunch € 8, tram 94, halte legrand

(27) **Café Belga**, in de sokkel van het Flageygebouw, is het stamcafé van het Flageyplein. Het is een aangename, grote ruimte met hoge ramen en een ruim terras voor de deur. Je kunt er de hele dag terecht voor koffie of iets sterkers. Op vrijdag gaan de tafels aan de kant en wordt er gedanst.
flageyplein 18, www.cafebelga.be, telefoon 026403508, open zo-do 8.00-2.00, vr-za 8.00-3.00, prijs drankje € 2, tram 81 halte flagey

(30) De 'supermeisjes' van **Les Super Filles du Tram** zijn twee jonge moeders die kunnen multitasken als geen ander. Ze maken biologische en vegetarische burgers, salades en sandwiches. Onder de naam Super Pick-Nick hebben ze ook nog vier meeneemformules uitgedokterd. Op zondag kun je er uitgebreid brunchen. Een beetje vreemd, maar wel erg leuk: het toilet is behangen met

talloze post-its van blije bezoekers. Vergeet niet om zelf ook een briefje achter te laten.

lesbroussartstraat 22, www.superfillesdutram.com, telefoon 026484660, open ma-vr 12.00-15.00 & 18.00-23.00, za 12.00-23.00, zo 11.00-17.00, prijs lunch & picknick € 13, brunch € 20, tram 81 flagey

(31) Dit eetadres is een paradijsje voor vegetariërs, en de perfecte plek om alle anderen te overtuigen dat vegetarische gerechten niet saai hoeven te zijn. Kies een burger, salade, soep, sandwich of croque en laat een plekje over voor een verrassend dessertje. De prijzen bij **AMI** zijn zacht en het interieur fris en kleurrijk. Ook vegans kunnen aangepaste gerechten krijgen.

lesbroussartstraat 13, www.ami-veggie.be, telefoon 02646 88 41, open ma-vr 12.00-15.00 en 18.30-22.00, za 12.00-17.00 en 18.30-22.00, prijs broodje € 4,90, tram 81 halte dautzenberg

(33) Wijnbar **Le Petit Canon** heeft het 'aperitieven' tot hogere kunst verheven. In de zomer zit je buiten op het zonnige terras, bij minder goed weer schuif je binnen aan in een fijne Parijse ambiance. Proef naar hartenlust van de uitgebreide wijnkaart en doe je ondertussen tegoed aan de *mises en bouches*, de kleine hapjes voor erbij. Vooral de tomatentapenade met geroosterd brood is een aanrader.

lesbroussartstraat 91, fb: le petit canon, telefoon 026403834, open ma-za 11.00-21.00, prijs wijntje € 5, tram 81 halte dautzenberg

SHOPPEN

(3) Bij **La Septième Tasse** adviseert het personeel je bij de keuze tussen meer dan 275 smaken thee, van een klassieke zwarte melange, tot de fijnste Argentijnse mate. Je bepaalt zelf hoeveel gram je wilt meenemen. Voor de echte thee-experts hebben ze accessoires zoals maatschepjes en weegschalen. Geen nood als je last hebt van keuzestress: je kunt alles ook online bestellen.

baljuwstraat 37, www.7etasse.com, telefoon 026471971, open di-za 11.00-19.00, tram 91, 93, 94 halte baljuw

7

6
おもちゃ

⑤ Gelieve uw gsm uit te schakelen', staat er op de deur van **Peinture Fraîche**. Deze onvolprezen architectuur-, kunst- en designboekhandel is een eiland van rust, waar je uren kunt rondneuzen tussen al het moois.
notarisstraat 10, www.peinture-fraiche.be, telefoon 025371105, open do-za 10.30-19.00, tram 81 halte drievuldigheid

⑥ Ga, zeker als je kinderen hebt, even naar **Boucle d'Or**. Knuffels, kleren, stoeltjes, kijk- en leesboeken, alles voor kinderen van nul tot tien jaar. Het leuke interieur is opgebouwd uit sloopmateriaal.
notarisstraat 12, fb: boutique boucle d'or, telefoon 026499639, open di-za 11.00-18.00, tram 81 halte drievuldigheid

⑦ Echt nódig heb je de decoratieobjecten en designprullaria van **Rose** niet, maar daarom word je er niet minder vrolijk van. Niet in het minst omdat alles netjes per kleur geordend staat. Ook **My Table** aan de overkant van de straat is een bezoekje waard. Het is een winkeltje van hetzelfde elan als Rose, zij het dat My Table zich beperkt tot hebbedingen voor op en rond de tafel.
waterleidingsstraat 56-58, www.roseshop.be, telefoon 025349808, open ma 10.30-18.00, di-za 10.30-18.30, tram 81 halte drievuldigheid

⑩ Liefhebbers van handgemaakte papierwaren met mooie reliëfprints zullen verliefd worden op **Le Typographe**. De koopwaar wordt grotendeels gemaakt op ouderwetse Heidelberg-drukpersen in de drukkerij achter in de zaak.
amerikaansestraat 67, www.typographe.be, telefoon 023451676, open ma-za 11.30-18.00, tram 81 halte drievuldigheid

⑬ Bij **Spullenhulp** hebben ze alles! Vier grote verdiepingen vol tweedehands meubels, wasmachines, boeken en heel veel prullaria. Er is een aparte kledingwinkel (Retro Paradise) en kinderwinkel (Baby Paradise) in dezelfde straat. De opbrengsten van Les Petits Riens, zoals de winkel in het Frans heet, gaan naar een goed doel in de strijd tegen lokale armoede; de mensen die er werken komen uit reïntegratietrajecten.
amerikaansestraat 101, www.lespetitsriens.be, telefoon 025373026, open ma-za 12.00-17.30, tram 81 halte drievuldigheid

⑲ **Tagawa** is een sympathieke, kleine kruidenierszaak waar de lokale Japanse gemeenschap haar inkopen doet. De rekken staan vol met *misopasta*, gedroogd zeewier, en *panko* voor tempura. Vaste klanten komen met name voor de spartelverse vis, verwerkt in sushi of, naar wens, gefileerd voor wie zelf thuis aan de slag wil met rollen.
vleurgatsesteenweg 119, www.tagawa.eu, telefoon 026485911, open ma-za 10.00-19.00, tram 93, 94 halte vleurgat

㉒ **Galerie Diito** heeft drie verdiepingen met design, klaar om door jou ontdekt te worden. De oprichters, twee architecten en een interieurontwerper, kiezen voor kwaliteit bij het inkopen. De stukken variëren van goed betaalbaar tot heel erg prijzig. Gelukkig kost kijken niets!
dageraadstraat 62, www.diito.be, telefoon 026461610, open di-za 10.30-18.30, tram 93, 94 halte abdij

㉜ Yoann, Charles en Boris presenteren in hun conceptstore **Reservoir Shop** een met liefde uitgezochte selectie merkkleding, kunstboeken, accessoires, muziek, en vooral héél veel sneakers. Hier zijn modebewuste jongens en meisjes wel een tijdje zoet met het uitzoeken van een nieuwe outfit.
lesbroussartstraat 43a, www.rsrv.be, open di-do 11.00-19.00, vr-za 11.00-20.00, zo 12.00-18.00, tram 81 halte dautzenberg

LEUK OM TE DOEN

⑮ Woensdag is het hoogtepunt van de week in de chique Kasteleinsbuurt. De **biologische markt** op het charmante **Kasteleinsplein** heeft behalve groente en fruit ook allerlei ambachtelijke lekkernijen. Rond een uur of vijf verandert de markt in een levendig aperitief-feest. Marktlieden serveren dan wijn en oesters, en hippe inwoners overspoelen de vele terrassen of gaan op het gras zitten met een pintje van de avondwinkel.
kasteleinsplein, open wo 13.00-19.30, tram 81 halte drievuldigheid

㉔ Het **Ter Kamerenbos** is een idyllisch stukje groen aan de rand van de stad. Het bos gaat over in het enorme Zoniënwoud, dat deels Brussels, deels Vlaams

32

7

en deels Waals is. Je kunt er uiteraard wandelen, maar ook eten in Chalet Robinson midden op het meer, of bij restaurant The Wood. Voor een avantgardetoneelvoorstelling kun je naar het Théâtre de Poche.

kruispunt louizalaan en ter kamerenlaan, tram 7, 94 halte legrand

(25) De **Abdij Ter Kameren** is een prachtig historisch plekje, omgeven door Franse tuinen die vrij toegankelijk zijn. Een ideale plek om te wandelen, een broodje te eten of een boek te lezen. De abdij werd rond 1200 gesticht door de benedictijner non Gisela. Ondanks de vele verwoestingen tijdens de godsdienstoorlogen liggen de gebouwen van de cisterciënzerabdij er nog goed bij. Het Nationaal Geografisch Instituut en de Nationale Hogeschool voor Beeldende Kunsten zijn er in ondergebracht.

émile duraylaan 11, telefoon 026481121, open ma-vr 9.00-12.00 & 15.00-18.00, za 15.00-18.00, zo 8.00-12.30 & 15.00-18.00, katholieke feestdagen 9, entree gratis, tram 7, 94 /halte ter kameren-ster

(26) In het **Kindermuseum** leren de koters aan de hand van diverse workshops en activiteiten zichzelf en de wereld om hen heen beter te begrijpen. Er zijn verschillende thematentoonstellingen, waar ze onder meer kunnen spelen met kleuren, reizen door China, de weg van de bloedsomloop volgen, toneelspeler worden in een echt theater en de held van een sprookje zijn.
burgemeestersstraat 15, www.kindermuseum.be, telefoon 026400107, open wo & za-zo 14.30-17.00, tijdens schoolvakanties dagelijks 14.30-17.00, entree € 8,50, tot 3 jaar gratis, tram 7, 25 halte roffiaen

(28) Het **Flageyplein** wordt gedomineerd door het mooie Flageygebouw in art-deco-stijl uit 1933. Een cultuurtempel waar het hele jaar door films, concerten en debatten plaatsvinden. Midden op het plein staat Frit Flagey, volgens velen het beste frietkot van Brussel.
flageyplein, www.flagey.be, tram 81 halte flagey

(34) Reserveer een plaatsje bij het **C.ramic Art Café**. Kies je verf en een van de 250 modellen (van ontbijtkom tot koffiemok) en beschilder je eigen servies. Enkele dagen later kun je het gebakken resultaat ophalen.
lesbroussartstraat 112, www.cramic.be, telefoon 026484872, open wo & vr 14.00-19.00, do 14.00-23.00, za-zo 10.00-18.00, prijs ontbijtworkshop € 10, lunchworkshop € 15 + pr, tram 81 halte dautzenberg

ANTWERPEN

COOLE VIBES IN EEN STAD VOL HISTORIE

CITY HIGHLIGHTS

+ MAS MUSEUM & ROOFTOP + BROUWERIJ DE KONINCK + PAKT SITE + HENDRIK CONSCIENCEPLEIN + CAROLUS BOROMEUSKERK + SHOPPEN IN DE STEENHOUWERSVEST + GRAANMARKT 13

DE STAD

Voor locals voelt Antwerpen aan als een dorp, maar 't Stad – zoals de Antwerpenaren zeggen – heeft evenveel te bieden als een metropool. Het is een creatieve wereldstad op een klein, gezellig oppervlak. Flaneer door de sfeervolle, smalle straatjes met kasseien van het Historisch Centrum, ga shoppen bij bekende Antwerpse designers in de Modewijk, snuif de theatersfeer op in Quartier Latin, ga mensen kijken op het trendy Zuid, ontdek multiculti Antwerpen in **Borgerhout**, struin door een belle-époquestraat in bakfietswijk **Zurenborg** of bewonder het prachtige station in de **Diamantwijk**.

Om de stadsdrukte te ontvluchten ga je naar de Plantentuin, zit je op een terrasje aan een van de dokken op **'t Eilandje** of struin je rond in de opkomende buurt **'t Noord**. Naast fashionista's komen ook cultuurliefhebbers in Antwerpen aan hun trekken in de vele musea. Ook op historisch en architectuurgebied zijn er genoeg inspirerende plekken. Ook de *foodscene* is fantastisch en er komen steeds meer culinaire hotspots bij. Drink een pintje met de locals in een van de vele bruine cafés of in een hippe cocktail- of wijnbar. Let wel: locals doen hier vaak net dat tikkeltje meer moeite om er op hun best uit te zien. Mannen gaan naar hippe *barbershops*, vrouwen zitten in het café met gestifte lippen en een zorgvuldig samengestelde (al dan niet extravagante) outfit. Dat heeft gegarandeerd met het mode-imago van de stad te maken. En hoewel Antwerpenaren dus wel houden van zien en gezien worden, is het een stad waar iedereen – jong of oud, hipster, überalternatief of klassiek – zich thuisvoelt.

ROUTE

DIAMANT, BORGERHOUT & ZURENBORG

OVER DE ROUTE

Deze gevarieerde wandeling brengt je van de Joodse diamantwijk en Chinatown door het multiculturele Borgerhout naar de hippe belle-époquewijk Zurenborg. Het is bijna een reis rond de wereld. Tip: ga met de fiets, de route is best lang en niet alle straten zijn even mooi. Trek anders een aparte middag uit om de Cogels-Osylei te bezichtigen en daarna uit te blazen in een van de gezellige restaurants aan de Dageraadplaats.

DE WIJKEN

De wijk rond het **Centraal Station** is het hart van de diamanthandel, niet alleen van Antwerpen, maar van de hele wereld. De buurt wordt weleens het 'Jeruzalem van het Noorden' genoemd, want hier wonen de grootste concentratie orthodoxe joden van Noord-Europa. Het Joodse zakeninstinct heeft een grote rol gespeeld in de ontwikkeling van Antwerpen als handelsstad. De straten zelf zijn niet mooi, maar je wandelt wel langs een paar highlights die de moeite waard zijn om te ontdekken. Het Centraal Station, bijvoorbeeld, is een fascinerend staaltje architectuur. Je loopt ook langs Chinatown, de Zoo en het Stadspark. De Diamantwijk grenst aan Zurenborg en Borgerhout.

Borgerhout is up-and-coming, er beweegt veel in deze wijk. De huizenprijzen zijn er lager dan in veel andere buurten, waardoor er steeds meer jonge mensen komen wonen. Het is de kleurrijkste buurt van Antwerpen, met een volkse en creatieve sfeer. Het multiculturele karakter trekt jonge koppels, kunstenaars en gezinnen aan. Het is zo'n buurt waar je je boodschappen haalt bij de Turkse groenteboer en de Marokkaanse kruidenier en waar kinderen met stoepkrijt op straat spelen. Laat je niet afschrikken door de lelijke Carnotstraat en de Turnhoutsebaan, het zijn de zijstraatjes die Borgerhout écht interessant maken. Voortdurend openen er nieuwe hippe zaakjes, met als grote gemene deler: volks.

Waar nu de wijk Zurenborg is, was een eeuw geleden vrijwel niets, alleen wat boerderijen. De naam stamt nog uit die tijd; door vele overstromingen was de grond te verzuurd om vruchtbaar te zijn. Dankzij het openbaar vervoer is een woonwijk ontstaan. Zurenborg is nu een geliefde plek om te wonen voor gezinnen. De **Dageraadplaats,** een gezellig plein met goede restaurants en leuke terrasjes, is het centrum van de buurt. Je vindt hier ook het meest chique stukje vastgoed van de stad: de prachtige belle-époquestraat **Cogels-Osylei**.

WEINIG TIJD? DIT ZIJN DE HOOGTEPUNTEN:

+ CENTRAAL STATION + HOFFY'S + COGELS-OSYLEI & DAGERAADPLAATS + ZENO X KUNSTGALERIJ + KOFFIE BIJ MOKKAKAPOT

TIPS

// Diamantwijk niet op zaterdag, dan is het sabbat // Perfect om eens een kijkje te nemen buiten het stadscentrum. // In de namiddag komt deze buurt helemaal tot leven.

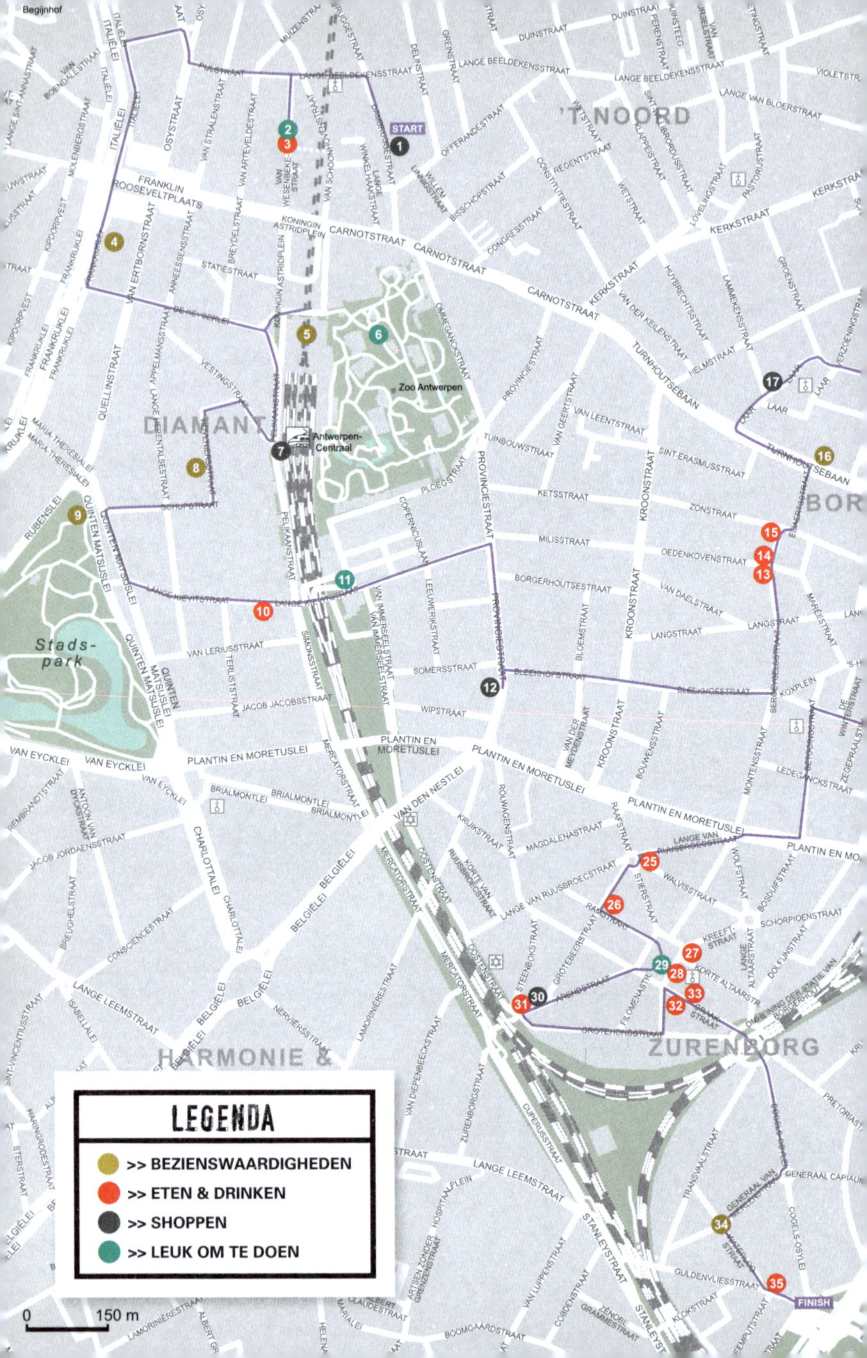

LEGENDA
>> BEZIENSWAARDIGHEDEN
>> ETEN & DRINKEN
>> SHOPPEN
>> LEUK OM TE DOEN
START
FINISH
'T NOORD
DIAMANT
BOR
ZURENBORG
HARMONIE &
Zoo Antwerpen
Antwerpen-Centraal
Stads-park
Begijnhof
0 150 m
ITALIËLEI
FRANKLIN ROOSEVELTPLAATS
KONINGIN ASTRIDPLEIN
CARNOTSTRAAT
DE KEYSERLEI
KERKSTRAAT
TURNHOUTSEBAAN
PROVINCIESTRAAT
LANGE KIEVITSTRAAT
PELIKAANSTRAAT
QUINTEN MATSIJSLEI
PLANTIN EN MORETUSLEI
VAN EYCKLEI
BELGIËLEI
LANGE LEEMSTRAAT
KROONSTRAAT
DIEPESTRAAT
TUINBOUWSTRAAT
BLEEKHOFSTRAAT
VAN DEN NESTLEI
LANGE BEELDEKENSSTRAAT
DUINSTRAAT
OMMEGANCKSTRAAT
COGELS-OSYLEI
STANLEYSTRAAT
GENERAAL VAN MERLENSTRAAT
GULDENVLIESSTRAAT

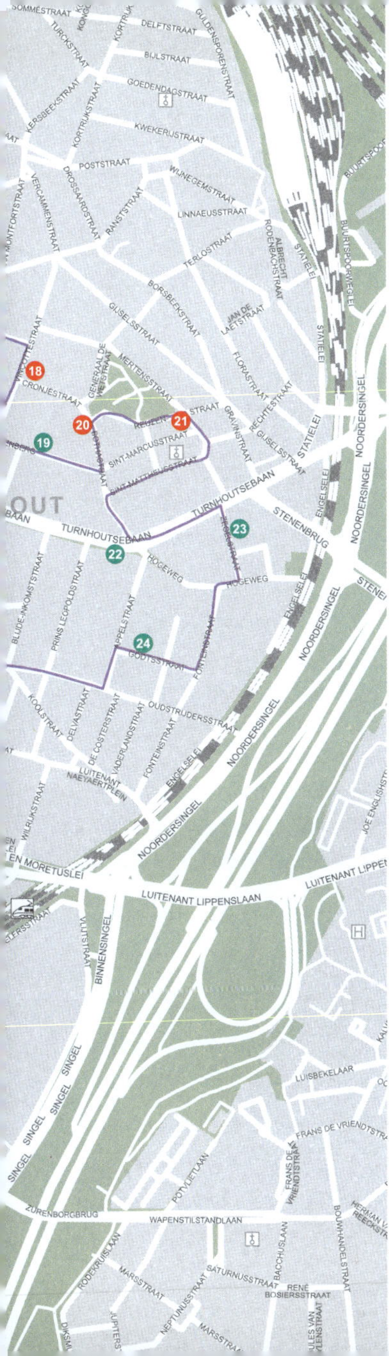

ROUTE ANTWERPEN

1. Atelier Solarshop
2. Chinatown
3. Lung Wah
4. Opera Vlaanderen
5. Centraal Station
6. Zoo
7. Diamonds and Jewellery Center
8. Portugese synagoge
9. Stadspark
10. Hoffy's
11. Baobabs
12. Kleinblatt
13. Mokkakapot
14. Bistrot Miro
15. Café Mombasa
16. EcoHuis
17. Hart & Ziel
18. September Lokaal
19. Pekfabrik/Plaza Real
20. June's
21. Bar Leon
22. De Roma
23. 't Werkhuys
24. Zeno X Gallery
25. Walvis
26. Orso
27. Zeezicht
28. Ardent
29. Dageraadplaats
30. Emenel goudsmeden
31. Dôme sur Mer
32. El Warda/Bizanaat
33. Cuichine
34. Cogels-Osylei/De Vier Seizoenen
35. Sail & Anchor

ROUTEBESCHRIJVING (ca. 10 km)

Start je wandeling bij Atelier Solarshop 1 in de Dambruggestraat. Ga de eerste links en dan de tweede links voor Chinatown 2. Eet gelakte eend of speenvarken 3. Ga de Osystraat rechts in, en dan de Violierstraat links tot aan de Italiëlei die je volgt tot de Frankrijklei voor de Opera 4. Draai links de De Keyserlei op en wandel tot het Centraal Station 5. Ga dieren kijken in de Zoo 6. Wandel een stukje terug en ga links de Pelikaanstraat in. Je bent in de diamantwijk 7. Neem de Vestingstraat rechts, de Rijfstraat links en de Hoveniersstraat links voor de synagoge 8. Loop de straat uit en neem dan de Schupstraat rechts tot je het Stadspark 9 ziet. Vervolg je weg door de Lange Kievitstraat om de koosjere keuken te proeven 10. Ga naar het Kievitplein om uit te rusten onder de baobabs 11. Voor de lekkerste kaastaart van Antwerpen ga je de Provinciestraat rechts in 12. Loop nu verder tot de volgende wijk: Borgerhout. Ga daarvoor de Bleekhofstraat en wandel tot de Sergeyselstraat die je weer links neemt. Je komt op het Moorkensplein voor koffie en taart bij Mokkakapot 13. Reserveer bij Bistrot Miro 14 of ga naar Café Mombasa 15. Ga via de Eliaertstraat naar het EcoHuis 16. Ga voor planten en cadeautjes naar rechts op het Laar 17. Loop naar de Toekomststraat, neem links de G. Eisenhouwerlei, rechts de F. Berckmansstraat en rechts de Vinçottestraat om te lunchen 18. Draai links op de Kattenberg voor 19: hier ga je 's avonds uit. Wandel tot aan de Bothastraat en ga links voor een 7-gangenmenu 20. Via de Delareystraat rechts en de Reuzenstraat kom je bij 21. Loop terug naar de Bothastraat en ga links de Turnhoutsebaan op. Je ziet De Roma 22. Loop naar de Zegelstraat voor 't Werkhuys 23. Nu wandel je naar Zurenborg, via 24. Rond de Dageraadplaats 29 kun je lekker eten en drinken 25 26 27 28. Shop juwelen bij 30 in de Arendstraat of eet in een visresto 31. Loop via de Grote- en Kleinhondstraat voor Marokkaans 32 of Chinees 33. Loop onder het spoor door tot het Tramplein en de Cogels-Osylei. Op de rotonde sla je rechts de Van Merlenstraat in 34. Neem dan de Waterloostraat en de Guldenvliesstraat. Eindig met sunday roast bij Sail & Anchor 35.

BEZIENSWAARDIGHEDEN

④ De **Opera Vlaanderen** werd begin 20e eeuw gebouwd in neobarokstijl als tegenhanger van de Bourlaschouwburg, waar in die tijd Franse Opera werd uitgevoerd. Het imposante gebouw met zuilen en statige trappen brengt je helemaal terug in de tijd. Sinds de renovatie in 2004 is de opera uitgerust met de nieuwste, moderne technieken. Koop er tickets voor een steengoede opera- of balletvoorstelling.

frankrijklei 1, www.operaballet.be, telefoon 070220202, open di-za 11.00-18.00 (bespreekbureau), tram 3, 5, 9, 15 opera

⑤ De Belgische architect Delacenserie ontwierp eind 19e eeuw het **Centraal Station**. Hij heeft zich daarbij helemaal laten gaan. De hal lijkt wel een palazzo, de vroegere wachtruimte (nu cafetaria) heeft iets weg van een balzaal in Versailles en de enorme perronoverkapping van staal en glas is een meesterwerk. De moderne uitbreiding heeft nog extra flair toegevoegd aan dit gebouw. Het station werd ondertussen meermaals uitgeroepen tot het mooiste ter wereld en is een bezoekje dus meer dan waard.

koningin astridplein 27, tram 2, 6, 9, 15 diamant

⑧ Midden in de diamantbuurt staat een kleine **Portugese synagoge** van de Sefardische joodse gemeenschap. Het pand is omringd door hoge kantoorgebouwen en lijkt een poppenhuisje. Het heeft bijna iets schattigs. Een plaquette herinnert echter aan een zwarte bladzijde uit de geschiedenis: in 1981 was de synagoge doelwit van een bomaanslag. Sindsdien zijn de veiligheidsmaatregelen verscherpt en ze zijn tot op de dag van vandaag van kracht gebleven.

hoveniersstraat 31, niet geopend voor het publiek, tram 2, 6, 9, 15 diamant

⑨ Rustig op een bankje zitten, joggen, vanaf de romantische brug in de vijver turen of met de kinderen naar de speeltuin: het Antwerpse **Stadspark** heeft voor ieder wat wils. Het park maakte vroeger deel uit van de 16e-eeuwse stadswal en werd in de 19e eeuw opnieuw aangelegd door architect Keilig in de stijl van de Engelse landschapsarchitectuur.

tussen rubenslei, quinten matsijslei en van eycklei, tram 2, 6, 9, 15 plantin, bus 16, 20 rubenslei

5

8

34

(16) Duurzaam bouwen en wonen, daar draait het om in het **EcoHuis**. Ga er naar de tentoonstelling *Meer doen met minder* en krijg op een leuke manier heel wat tips mee om zo ecologisch mogelijk te leven. Er is ook een zadenbib, een ecologische tuin en een daktuin, waar je alles leert om een stadstuintje of groendak te maken bij je thuis. Er is ook een EcoCafé waar je gezonde hapjes en drankjes bestelt en waar je op zondag uitgebreid kunt brunchen.
turnhoutsebaan 139, www.antwerpen.be/ecohuis, telefoon 032170811, open ecohuis: di-vr 9.00-16.30, elke eerste za van de maand 10.00-16.00, ma enkel op afspraak & ecocafé: di-vr 11.30-22.00, za 17.00-22.00, zo 10.00-16.00, entree ecohuis € 2 (gratis op vrijdag of als je Antwerpenaar bent), tram 10, 24 drink

(34) De **Cogels-Osylei** is een prachtige laan met panden in belle-époque- en art-nouveaustijl. Loop zeker even de Generaal van Merlenstraat in, om de vier identieke hoekhuizen te bekijken. Deze zijn gebouwd in 1899 en ontworpen door architect Bascourt. De huizen vormen samen een geheel: **De Vier Seizoenen**. Zowel in schitterende mozaïeken als in glas-in-loodramen vind je deze naam terug. De lente en zomer hebben een frisse groengekleurde gevel

en de herfst en winter een behaaglijk, warme bruintint in het metselwerk en de kozijnen.
cogels-osylei en kruispunt generaal van merlenstraat-waterloostraat, tram 11 draakplaats

ETEN & DRINKEN

(3) We waarschuwen je: voor het decor moet je niet naar restaurant **Lung Wah**, dat midden in Chinatown ligt. Het eten is hier om duimen en vingers bij af te likken. Bestel bijvoorbeeld hun huisspecialiteit: gegrild speenvarken met een überknapperig korstje dat de chef bekomt door een techniek met zout en naalden. Ook de pannenkoekjes met pekingeend zijn de max.
van wesenbekestraat 38, telefoon 032978258, open ma-wo & za-zo 12.00-14.00 & 18.00-20.00, prijs € 20, tram 10, 11, 24 centraal station

(10) De gebroeders Hoffman toveren iedere dag zo'n honderd koosjere gerechten uit hun koksmuts in restaurant **Hoffy's**. Dit is dé plek om meer te weten te komen over de jiddische traditionele kookkunst. De broers vinden het leuk om een stoel bij te schuiven en uitleg te geven bij een typisch gerecht als *gefilte fisj*.
lange kievitstraat 52, www.hoffys.be, telefoon 032343535, open zo-do 10.00-22.00, vr 10.00-15.30, prijs € 28, tram 2, 6, 9, 15 plantin, bus 21 lange kievitstraat

(13) Midden in Borgerhout vind je koffiebar **Mokkakapot**. Hier kom je voor boterhammen met namen als *Maya de Bijna* en *John Massis*, om te aperitieven met de hapjes van de dag of voor een smeuïge latte met een huisgemaakt stuk taart als vieruurtje. Aan de muren hangt kunst en er is een hoekje met ontwerpen van jonge designers. Leuk detail over de naam: Mokkakapot is de fonetische schrijfwijze van 'Ik maak je kapot' in het Antwerps.
sergeyselsstraat 2, www.mokkakapot.be, telefoon 033444342, open wo, do & zo 11.00-18.00, vr 11.00-21.00, za 11.00-19.00, prijs boterham € 6, tram 10, 24 drink

(14) De hype van de 'bistronomie' is overgewaaid naar Borgerhout. Chef Michael Roelants runt hier samen met zijn vrouw **Bistrot Miro**: een volkse *feelgoodbistro* waar je altijd dagverse producten geserveerd krijgt. De gerechten zijn perfect

bereid, zonder tierelantijnen. Het moderne interieur met warm hout en vintage-lampen maakt het plaatje compleet.

moorkensplein 28, www.bistrotmiro.be, telefoon 032350325, open di-za vanaf 18.00 (lunch is mogelijk op afspraak vanaf 8 personen), prijs € 24, tram 10, 24 drink

(15) **Café Mombasa** heeft van het uitgeleefde Moorkensplein weer een trekpleister gemaakt. Het is een gezellige kroeg waar je tot in de vroege uurtjes kunt bijpraten en een 'pintje pakken'. De naam Mombasa heeft dit café te danken aan de eigenaren die in die stad hun kinderen adopteerden. En in Mombasa schijnt de zon altijd...

moorkensplein 37, www.cafemombasa.be, telefoon 0498521194, open di & wo 15.00-1.00, do-za 15.00-2.00, zo 15.00-23.00, prijs drankje € 2, tram 10, 24 drink

(18) Op weekdagen ga je in Borgerhout ontbijten of lunchen bij **September Lokaal**, waar alles – hoe had je het kunnen denken – met lokale producten bereid wordt. Op maandag kun je er ook 's avonds blijven eten, maar reserveer dan op tijd. Af en toe openen ze op zondag voor een brunch en er worden ook regelmatig leuke kookworkshops georganiseerd. Check daarvoor hun website.

vinçottestraat 36, www.septemberlokaal.be, telefoon 0474523654, open ma 8.00-16.00 & 18.00-22.00, di & do-vr 8.00-16.00, prijs € 15, bus 34 helmstraat, bus 30 ranststraat, tram 10, 24 drink

(20) Het charmante restaurant **June's** is piepklein: er kunnen maar tien mensen zitten, wat tafelen er gezellig en intiem maakt. Eigenares en chef Stephanie Wouters kookt 's avonds zeven gangen voor je met lokale en biologische producten en dat allemaal voor 35 euro. Je kunt hier trouwens (als je op voorhand belt) ook ontbijten en lunchen. Reserveren is een must, want het is hier elke keer opnieuw *vollenbak*.

krugerplein 18, www.junesdelivery.com, telefoon 0498062321, open wo-za lunch (enkel op reservatie) en diner, zo brunch (enkel op reservatie), prijs zevengangenmenu € 35, tram 10, 24 de roma

(21) De hippe **Bar Leon** maakte het Krugerplein bekend en is ondertussen een klassieker in Borgerhout. In dit no-nonsense buurtcafé drink je overdag koffie en eet je homemade taart. Nadien blijf je hangen om te aperitieven. Kom hier op

13

zondag ontbijten, zeker wanneer de zon schijnt, want ze hebben een heerlijk terras. Kijk ook in de vitrinekast achterin, want daar vind je zelfgemaakte spullen die je kunt kopen. Houd hun Facebookpagina in de gaten; er worden vaak feestjes en exposities georganiseerd.

reuzenstraat 23, www.barleon.be, open ma & wo-za 12.00-2.00, zo 10.00-2.00, prijs taart € 4, bus 30/34 turnhoutsebaan

㉕ Op het rondpunt van de Walvisstraat in de Antwerpse Zurenborgwijk vind je **Walvis**, een heerlijk no-nonsense café dat ook nog eens heel mooi ingericht is (die bakstenen muur willen wij thuis!). Wij gaan er het liefst aperitieven met hummus, charcuterie en glaasjes rosé, maar je kunt er ook goed ontbijten en lunchen.

walvisstraat 1, fb walvisantwerpen, telefoon 032893322, open ma-za 10.00-22.30, zo 10.00-19.00, prijs ontbijt € 10, tram 11 dageraadplaats, bus 20, 21 montensstraat

㉖ Wij dagdromen over de pizza van het huis bij **Orso**, met overheerlijke prosciutto crudo, buffelmozzarella, rucola en granaschilfers. Proef er ook een

flesje Leoni, wijn uit hun wijngaard in Italië. Het is een kleine en fijne zaak, dus reserveren is aan te raden. Zit de zaak vol? Dan doe je gewoon take-away.
grote beerstraat 46, www.orsopizzeria.be, telefoon 035011177, open wo-vr & zo 12.00-14.00 & 18.00-22.00, za 18.00-22.00, prijs € 14, tram 11 dageraadplaats

(27) Geen zicht op de zee hier; wel de perfecte plaats om 'een pintje te pakken' met een grote groep. In de zomer zit je op het terras van **Zeezicht**, in de winter knus binnen. Op de eerste verdieping openden de eigenaars restaurant Overzicht, waar je van seizoensgebonden en lokaal lekkers smult. Op de tweede verdieping vind je Overzee (ambitieuze eigenaars? check.). Hier staan gerechten uit Zuidoost-Azië op de kaart, die je deelt met je tafelgenoten.
dageraadplaats 7-8, www.cafezeezicht.be, www.restaurant-overzicht.be, www.restaurantoverzee.be, telefoon 032351065, open ma-vr vanaf 11.30, za-zo vanaf 12.00, prijs drankje € 2, tram 11 dageraadplaats

(28) De chef van **Ardent**, Wouter Van Steenwinkel, behoort tot de Jong Keukengeweld-garde (dé jonge beloftes in het Belgische foodlandschap). We hoeven je dus niet vertellen dat je hier echt goed eet. De gerechten zijn puur. Wouter noemt het zelf Frans-Belgische burgerkeuken. Het restaurant ligt op een erg gezellig pleintje; na het eten kun je dus – net als het Ardent-team – afzakken naar een van de gezellige cafés, Zeezicht bijvoorbeeld.
dageraadplaats 3, www.resto-ardent.be, telefoon 033363299, open wo-vr & zo 12.00-14.00 & 19.00-21.00, za 19.00-21.00, prijs hoofdgerecht € 29, viergangenmenu (diner) € 49, driegangenmenu (lunch) € 29, tram 11 dageraadplaats

(31) Voor wie graag vis eet, is bistro **Dôme sur Mer** de place to be. Je eet er überverse gegrilde vis en de lekkerste schaal- en schelpdieren. Alles wordt *à la plancha* bereid in hun open keukentje in het midden van het restaurant. Reserveer dus een plek aan de toog als je de chef graag aan het werk ziet. Hun interieur is simpel maar chic en heeft een muuraquarium vol goudvisjes als eyecatcher. *Sweet tooth*? Vlakbij zit Domestic, een fantastische bakkerij van dezelfde eigenaars.
arendstraat 1, www.domeweb.be, telefoon 032817433, open ma-vr & zo 12.00-14.00 & 18.00-23.00, za 18.00-23.00, prijs € 35, tram 11 dageraadplaats

(32) Met de opening van **El Warda** kwam de droom van Fatima Marzouki uit. Ze runt haar Marokkaanse restaurant vol overgave en kunde. Het is dan ook niet verwonderlijk dat het een behoorlijke reputatie heeft opgebouwd. De sfeer is uitstekend, het eten lekker en de porties royaal. Als je niet kunt kiezen uit de menukaart, kun je om de hoek de buffetformule uitproberen bij **Bizanaat**.
draakstraat 4, www.elwarda.be, telefoon 032393113, open di-zo 18.00-0.00, prijs € 15, tram 11 dageraadplaats

(33) **Cuichine** is niet je alledaagse Chinese restaurant met eindeloze menukaart en tl-verlichting. Dit is een stijlvolle zaak met donkere houten meubels en een kleine kaart. Je vindt hier oosterse klassiekers perfect bereid met een eigen twist. Geen wonder dat Gault&Millau dit restaurant al enkele keren heeft vermeld. Dezelfde eigenaars openden ook Bar Chine, dat 100 meter verder ligt op de Draakplaats. Hier draait het om Chinese fingerfood. Ideaal dus om te aperitieven.
draakstraat 13, www.cuichine.be, telefoon 032899245, open di-vr 12.00-14.00 & 18.00-22.00, za 18.00-22.00, prijs € 20, tram 11 dageraadplaats

(35) Marijke en Michael, een Vlaams-Brits koppel, serveren in hun **Sail & Anchor** Britse klassiekers die ze een modern tintje geven en bereiden met topproducten. Schuif die (Britse) vooroordelen dus maar aan de kant, want dit restaurant staat ondertussen hoog op het favorietenlijstje van de Antwerpse foodies. Nog op zoek naar een originele zondagactiviteit? Reserveer dan voor hun *sunday roast*.
guldenvliesstraat 60, www.sailandanchor.be, telefoon 034304004, open wo & za 18.30-22.00, do-vr 12.00-15.00 & 18.30-22.00, zo 12.00-15.00 , prijs driegangenmenu (enkel lunch) € 34, vijfgangenmenu (diner) € 65, sunday roast (3 gangen) € 45, tram 4, 9, 11 berchem station

SHOPPEN

(1) **Atelier Solarshop** moet je weten te vinden, want je loopt er namelijk niet zomaar voorbij. Het duo achter de winkel verzamelt een prachtige mix van nieuw, vintage en antiek. Ze verkopen enkel dingen waar ze zelf verzot op zijn.
dambruggestraat 48, www.ateliersolarshop.be, telefoon 0487167570, open wo-za 12.00-18.30 & op afspraak, tram 10, 11, 24 centraal station, tram 12 antwerpen de coninck

100% good time!

30

17

29

29

17

⑦ In het **Diamonds and Jewellery Center** in het Centraal Station en onder de stationsbogen in de Pelikaanstraat vind je veel juwelierszaken. Het is echt ongelooflijk hoeveel *blingbling* je op een paar honderd meter tegenkomt. Veel zaken zijn in handen van Georgische Joden; houd er rekening mee dat die op zaterdag wegens de sabbat gesloten zijn.
pelikaanstraat, open openingstijden variëren per winkel, tram 2, 6, 9, 15 diamant

⑫ De goede naam van de Joodse bakker **Kleinblatt** reikt tot ver buiten de stad. Bij alle lekkernijen is rekening gehouden met de strikte Joodse spijswetten. Zo mag je bijvoorbeeld pas zes uur nadat je vlees gegeten hebt zuivelproducten nuttigen of gebruiken. Ze hebben daarom ook een grote selectie *parve* broodwaren; daar zit geen boter, room of melk in. In de bakkerij is er een tafel voor producten 'met melk' en eentje voor lactosevrije etenswaren. Proef zeker de beroemde kaastaart!
provinciestraat 206, www.kleinblatt.be, telefoon 032337513, open zo-do 6.00-18.30, vr 6.00-16.00, tram 11 lente

⑰ Op het Laar vind je **Hart en Ziel**, het plantenparadijs van Gitte. Naast veel mooi groens shop je er toffe items voor je interieur en originele cadeautjes. Check zeker de *Plantochi*: een minicactus in een stolpje om aan je sleutels te hangen.
laar 12, www.hartenzielwonen.be, telefoon 0485104427, open di-vr 12.00-17.30, za 9.30-17.30, tram 10, 24 drink

㉚ **Emenel goudsmeden** is een 'anders-dan-anders' juwelier. De winkel is meteen ook het atelier van Mike & Lilian. Je ziet het ontwikkelingsproject van de juwelen, terwijl ze uitgebreid luisteren naar jouw wensen. Kies een stuk uit de collectie, laat iets ontwerpen of bewonder het maakproces. Voor een uniek, exclusief juweel is dit hét adres in Antwerpen.
grotebeerstraat 1, www.emenel.be, telefoon 032398191, open di-vr 11.00-18.00, za 11.00-17.00, tram 11 dageraadplaats

LEUK OM TE DOEN

(2) Het Antwerpse **Chinatown** ligt vlak bij het Centraal Station. De wijk begint waar een gigantische Chinese poort je naar de Van Wesenbekestraat leidt, het hart van de Chinese buurt. Ga zeker even naar de Aziatische supermarkt Sun Wah (nr. 16); ze verkopen alles om de beste Chinese, Thaise, Japanse, Koreaanse, Filipijnse en Indiase gerechtjes op tafel te toveren. Maar ze hebben ook geluks-koekjes, Chinese porseleinen kommetjes, Japanse thee... Wah-nzinnig!
van wesenbekestraat, tram 10, 11, 24 centraal station

(6) Dierenliefhebbers halen hun hart op in de **Zoo**. Het aparte van deze Zoo is dat hij midden in de stad ligt, pal naast het Centraal Station. Toch krijg je het gevoel ver van de stadsdrukte verwijderd te zijn. Of het nu de schattige pinguïns in het koude Vriesland zijn of de Afrikaanse olifanten en giraffen in hun eigen Egyptische tempel; ze stelen ongetwijfeld je hart.
koningin astridplein 26, www.zooantwerpen.be, telefoon 032248910, open dagelijks vanaf 10.00, zie website voor sluitingstijden, entree € 24, boek online tegen een gereduceerd tarief, tram 2, 6, 9, 15 diamant, tram 3 astrid

(11) Op het Kievitplein staan vijf enorme **baobabs**. Ze lijken verdwaald te zijn, want deze bomen vind je normaal in Afrika. De stalen versies op het Kievitplein vormen een groots kunstwerk, met elkaar verbonden door een metalen boomblad. Hier kun je genieten van een rustig moment en het gedicht 'Hier' van Joke van Leeuwen lezen. De eerste zaterdag van mei, juni, september en oktober vindt hier ook de fantastische biomarkt MARTA plaats, waar lokale boeren, producenten en koks samenkomen.
kievitplein, lange kievitstraat, fb martantwerpen, tram 2, 6, 9, 15 diamant

(19) Als je van een alternatieve undergroundsfeer houdt bij het uitgaan, dan moet je je beentjes losgooien bij de **Pekfabrik**. Fan van stevig barhangen? Dan kun je naar **Plaza Real**, een café dat er vlakbij ligt en waar alleen rasechte 'Borgers' (zo worden de locals van Borgerhout ook wel genoemd) zitten. Leuk weetje: het café is van Klaas Janzoons, de violist van dEUS (een bekende Antwerpse band).
kattenberg 93, www.plazareal.be, telefoon 035015040, open plaza real: wo-zo vanaf 20.00 (jul-aug gesloten), tram 10, 24 drink

11

24

LUC TUYMANS
ZENO X GALLERY
ANTON CORBIJN
1·2·3·4
ANNE-MIE
VAN KERCKHOVEN

24

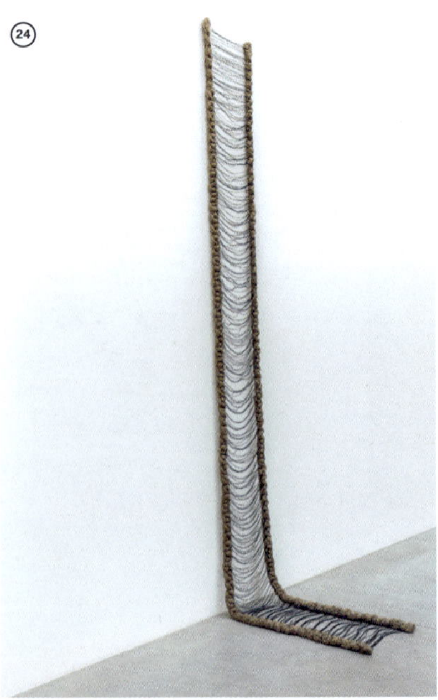

(22) Na een grondige renovatie is **De Roma**, een oude majestueuze filmzaal, weer in oude glorie hersteld. Net zoals in de vroegere hoogtijdagen kun je er genieten van film, muziek, theater en dans. En vergeet niet het gebouw zelf te bewonderen.
turnhoutsebaan 286, www.deroma.be, telefoon 036001660, zie website voor agenda en prijzen, tram 10, 24 de roma

(23) **'t Werkhuys** ademt Borgerhout; dat merk je in alles wat ze doen. Het is een creatieve plek die opkomend talent een podium geeft en waar mensen gezellig samenkomen. Er zijn liveoptredens, exposities en er worden workshops georganiseerd zoals Afrikaanse dans, gitaar, theater, yoga. Honger of dorst? Stop dan bij hun *cosy* Kaffee voor een hapje of drankje. Tip: elke vrijdagavond eet je er low budget: voor 5 euro krijg je dan een warme maaltijd voorgeschoteld tijdens hun Volxkeuken.
zegelstraat 13, www.werkhuys.be, telefoon 032897297, open ma-vr 12.00-0.00, prijs € 5, tram 10, 24 de roma

(24) In een klein straatje in het multiculti Borgerhout vind je kunstgalerie **Zeno X**, die internationaal bekend is. Hoe kan dat ook anders als je namen vertegenwoordigt als Michaël Borremans, Luc Tuymans, Marlene Dumas, Raoul De Keyser en Dirk Braeckman. Voor artlovers is deze galerie dus een niet te missen stop. Check op voorhand of er een expositie loopt, zodat je niet voor gesloten deuren staat.
godtsstraat 15, www.zeno-x.com, telefoon 03 2161626, open wo-za 13.00-17.00 , entree gratis, tram 10, 24 de roma

(29) De **Dageraadplaats** is misschien wel het gezelligste plein van de stad. Het biedt voor elk wat wils: een speeltuin en basketbalterrein voor de jongsten en leuke terrasjes voor hun ouders. Dit alles beleef je 's avonds onder een prachtige, levensechte sterrenhemel, gevormd door duizenden ledlichtjes. Ga op zoek naar de Grote Beer en de Poolster.
dageraadplaats, tram 11 dageraadplaats

INDEX

COLOFON

Deze gids is met de grootst mogelijke zorg samengesteld. Voor eventuele onjuistheden in de tekst is mo'media bv niet aansprakelijk. Eventuele op- en/of aanmerkingen kun je richten aan: mo'media, postbus 359, 3000 AJ Rotterdam, info@momedia.nl, www.timetomomo.com.

REDACTIE
time to momo-locals

FOTOGRAFIE
David in den Bosch, Femke Dam, Verne Fotografie, Marjolein den Hartog, Vincent van den Hoogen, Dani van Oeffelen, Ilse Ouwens, Fiona Ruhe, Hans Zeegers

VORMGEVING
Studio 100%, Oranje Vormgevers

CARTOGRAFIE
Van Oort redactie en kartografie

LITHOGRAFIE
MasterColors Media

PROJECTLEIDING
Merel Blom, Heleen Ferdinandusse

time to momo Dichtbij
isbn 978-90-5767-886-8
nur 510, 511

time to momo
HOTELS

Een fijn bed, een lekker ontbijt en een mooi interieur: het zijn allemaal ingrediënten voor een goed hotel! Check daarom eerst de hoteltips van onze locals en boek daarna gelijk je hotel via ons platform!

Amsterdam – Volkshotel

Logeren in het oude gebouw van de Volkskrant

Relax ;-)

Brussel – JAM Hotel

Fantastisch hotel in een voormalige kunstschool

Antwerpen – Hotel Pilar

Mooi, mooi, mooi! En check ook hun fijne foodbar

Maastricht – Les Charmes

Mooi gelegen in het Jekerkwartier

Rotterdam – Room Mate

Nieuw hotel op de Kop van Zuid, op loopafstand van de Fenix Food Factory

Nog veel meer leuke hotels (en ook nog voor een goede prijs) vind je op timetomomo.com/hotels

WELKE TIME TO MOMO-STEDENTRIP STAAT OP JOUW BUCKETLIST?

Time to momo is de bestverkochte stedengids van Nederland en België met routes in meer dan 45 steden. Soms alleen in de app of als pdf-route, maar meestal ook in een gids. Waar gaat jouw volgende stedentrip naartoe?

- ❑ Amsterdam
- ❑ Antwerpen
- ❑ Athene
- ❑ Arezzo
- ❑ Barcelona
- ❑ Berlijn
- ❑ Bilbao
- ❑ Boedapest
- ❑ Brugge
- ❑ Brussel
- ❑ Cordoba
- ❑ Den Haag
- ❑ Dublin
- ❑ Florence
- ❑ Gent
- ❑ Granada
- ❑ Hamburg
- ❑ Hasselt
- ❑ Hongkong
- ❑ Ibiza
- ❑ Keulen
- ❑ Kopenhagen
- ❑ Kortrijk
- ❑ Krakau
- ❑ Leuven
- ❑ Lissabon
- ❑ Londen
- ❑ Lucca
- ❑ Maastricht
- ❑ Madrid
- ❑ Málaga
- ❑ Marrakech
- ❑ Mechelen
- ❑ Milaan
- ❑ München
- ❑ Napels
- ❑ New York
- ❑ Oostende